ÄSTHETISCHE INTELLIGENZ

EIN VOLLSTÄNDIGER LEITFADEN, DER FÜHRUNGSKRÄFTEN HILFT, IHR UNTERNEHMEN AUF IHRE EIGENE AUTHENTISCHE UND UNVERWECHSELBARE WEISE AUFZUBAUEN

Friedrich Zimmermann

1

INHALTSVERZEICHNIS

KAPITEL 4

LANGLEBIGES DESIGN

KAPITEL 5

AUF DEN GESCHMACK KOMMEN

- ➤ **DER GESCHMACK DES ESSENS - EINE TROPHÄE FÜR DIE VERFEINERUNG DES LEBENS**
- ➤ **EUGENIK UND WERTSCHÄTZUNG**
- ➤ **ANDERE SINNE, ANDERE QUALITÄTEN**
- ➤ **BEWUSSTSEIN UND ESSENZ**
- ➤ **KULTUR UND VEREDELUNG**
- ➤ **ZURÜCK ZUR NATUR**
- ➤ **ART: GUTES TUN BEIM NASCHEN**
- ➤ **ÄSTHETISCHE ÜBUNG: DIE PHILOSOPHIE UND WISSENSCHAFT DES WAHRNEHMENS**

KAPITEL 6

INTERPRETATION (UND REINTERPRETATION) DES PERSÖNLICHEN STILS

- ➤ **INTELLIGENZ - EINSTIMMUNG AUF DEN STIL**
- ➤ **KLEIDERORDNUNG**
- ➤ **KULTUR, STATUS UND STIL**
- ➤ **WIE MAN KLEIDUNG ANSCHAUT**

KAPITEL 7

DIE KUNST DER KURATION

KAPITEL 8

KUNSTFERTIGKEIT ARTIKULIEREN

KAPITEL 9

DIE ZUKUNFT DER ÄSTHETIK

- ➤ **DIE UMWELTKRISE**

- ➤ **DIGITALE EXPANSION UND DAS TAKTILE ERLEBNIS**

- ➤ **SEZESSION VON STÄMMEN**

- ➤ **UNSCHARFE LINIEN**

Einflussbereichs liegen, befreit, unabhängig davon, ob diese Informationen richtig oder falsch verwendet werden. Ungeachtet dessen gibt es keinerlei Szenarien, in denen der ursprüngliche Autor oder der Verlag in irgendeiner Weise für Schäden oder Unannehmlichkeiten haftbar gemacht werden können, die sich aus den hier besprochenen Informationen ergeben.

Darüber hinaus dienen die Informationen auf den folgenden Seiten nur zu Informationszwecken und sind daher als allgemeingültig zu betrachten. Sie werden naturgemäß ohne Gewähr für ihre fortdauernde Gültigkeit oder vorläufige Qualität präsentiert. Die Erwähnung von Warenzeichen erfolgt ohne schriftliche Zustimmung und kann in keiner Weise als Zustimmung des Warenzeicheninhabers gewertet werden.

KAPITEL 1

DER ÄSTHETISCHE VORTEIL

Der Begriff Ästhetik wird in der Regel verwendet, um zu
beschreiben, wie die Dinge aussehen. In der Wirtschaft bedeutet
dies Produkt- und Verpackungsdesign, Markenimage und
Corporate Identity. Dieses Wort ist jedoch viel nützlicher, wenn
man die volle Bedeutung weit über visuelle Eleganz hinaus
sucht. Ästhetik ist die Freude daran, dass wir alle Objekte und
Erfahrungen mit unseren Sinnen wahrnehmen. Ästhetische
Intelligenz Ein weiterer Begriff, auf den wir zurückkommen, ist
die Fähigkeit, Emotionen zu verstehen, zu interpretieren und zu
artikulieren, die durch ein bestimmtes Objekt oder eine
bestimmte Erfahrung ausgelöst werden.

Ästhetische Unternehmen nutzen in der Regel alle fünf Sinne
und bieten Produkte oder Dienstleistungen an, die angenehm zu
kaufen und zu konsumieren sind. Im Gegenzug zahlen die
Verbraucher ungern einen Aufpreis für den Nutzen dieser
Produkte und Dienstleistungen. Allerdings können sie sehen,
schmecken, riechen, hören (Klang) und somatosensorische

(taktile) Vorlieben für den Genuss von Empfindungen einbeziehen. Ästhetische Aussagen verändern die Motivation der Verbraucher von funktional und transaktional zu erlebnisorientiert, anspruchsvoll und einprägsam. Für Unternehmen bedeutet dies eine höhere Nachfrage nach ihren Produkten, eine stärkere Kundenbindung und einen höheren Wert für ihre Aktionäre.

In einer Welt, in der die Menschen weniger wollen, sich nach mehr Wohlstand und bedeutungsvolleren Erfahrungen sehnen und über eine noch nie dagewesene Marktmacht verfügen, um das zu bekommen, was sie wollen, ist der ästhetische Wert des Produkts oder der Dienstleistung eines Unternehmens entscheidend für seinen langfristigen Erfolg. Manager, Unternehmer und andere Fachleute können sich die Kraft der Ästhetik zunutze machen, indem sie lernen, sie zu erkennen und auf ihre Geschäftsinteressen anzuwenden. Diese entscheidende Fähigkeit wird als ästhetische Intelligenz bezeichnet. Sie gewinnen, wenn Unternehmen die Verbraucher auf einer künstlerischen Ebene einbeziehen. In der Vergangenheit haben Nicht-Luxusbranchen, die sich auf Größe, Effizienz und Innovation konzentriert haben, den Wert von Finanzen und Verbrauchern untergraben, indem sie die Ästhetik ablehnten, missverstanden oder unterschätzt haben.

Im Gegensatz zum Design Thinking, das sich auf den Problemlösungsprozess und lösungsorientierte Strategien konzentriert, besteht der Wert der Unternehmensästhetik darin, den menschlichen Geist durch sinnliche Erfahrungen zu fördern und die Fantasie anzuregen. Wenn es richtig gemacht wird, profitieren sowohl Unternehmen als auch Kunden davon. In letzter Zeit und in absehbarer Zukunft mit Geld. Computer können zunehmend funktionale Probleme lösen. Sie können und werden keine neuen, sinnvollen Wege finden, um sich mit unserer Menschlichkeit wieder zu verbinden. Die Automatisierung der Gesellschaft bedeutet, dass Maschinen heute und in Zukunft immer mehr Aufgaben wie Analyse, Datenerfassung und -interpretation sowie alltägliche körperliche Tätigkeiten und Aufgaben übernehmen. Die Menschen müssen jedoch ihre Talente und Fähigkeiten für Tätigkeiten einsetzen, bei denen die Technologie nicht schnell und wirtschaftlich überholt werden kann. Dazu gehört die Fähigkeit, Kunst zu schaffen, Schönheit zu erschaffen und tiefe Verbindungen zu Menschen herzustellen. Dies sind die Bereiche, in denen wir über Computer hinausgehen können.

Der pensionierte CEO von Google, bemerkt, wir hoffen, in der Zukunft erfolgreich zu sein, und wir beobachten diese Trennung der Macht und, wenn nötig, machen es möglich, Computer zu betreiben, während wir uns darauf spezialisieren, unser Bestes zu tun. Das muss man lernen. Wenn es darum geht, die negativen Auswirkungen von Überproduktion und industrieller Entwicklung abzumildern, müssen Qualität, Bedeutung, Schönheit und Dauerhaftigkeit von Waren wichtiger sein als Preis, Zugänglichkeit und Verfügbarkeit. Die Entwicklung von ästhetischen Standards und Strategien ist für die wirtschaftliche und soziale Nachhaltigkeit aller Menschen und Unternehmen unerlässlich.

ES IST MÖGLICH, ÄSTHETIK ZU LERNEN

Um ein künstlerisches Unternehmen zu führen, müssen sich Manager nicht nur auf ihre Ästhetik und ihre Werte einstellen, sondern auch auf die Sinne und Werte ihrer Kunden. Studien zeigen, dass Gefühle und nicht-analytisches Denken schätzungsweise 85 % der Kaufentscheidungen beeinflussen. Die Vermarkter konzentrieren sich jedoch in der Regel auf die

verbleibenden 15 % der Kaufentscheidung, d. h. auf eine
angemessene Bewertung der Funktionalität.

Der Wert der Unternehmensästhetik beginnt an der Spitze der
eigenen KI, hängt aber auch von der Fähigkeit der
Führungskraft ab, die richtige Organisation und Kultur um diese
ästhetische Position herum aufzubauen, zu unterstützen und zu
erhalten. Jeder wird mit mehr künstlerischen Fähigkeiten
geboren, als er oder sie einsetzt. Natürlich haben Musiker wie
Bob Dylan ein außergewöhnliches Gespür für Klang und
Rhythmus, oder Köche wie Wolfgang Puck die legendäre
Fähigkeit, Aromen, Texturen und Geschmäcker in Einklang zu
bringen, und diejenigen, die von Natur aus begünstigt sind.
Einige sind talentiert. Aber auch Menschen wie Dylan und Puck
müssen ihre Fähigkeiten weiter verbessern und Stile entwickeln,
um in ihrem Bereich aktiv und relevant zu bleiben, damit ihr
ästhetischer Vorteil nicht verloren geht. Sie müssen sich auch an
die sich ändernden Vorlieben auf dem breiteren Markt anpassen
und ihre individuellen Ausdrucksformen im Laufe der Zeit
verändern oder optimieren.

Schließlich müssen auch die Klassiker modernisiert werden, um
relevant zu bleiben. Die Marke Louis Vuitton zum Beispiel, die
mit der ersten Welle des globalen Reisens aufgewachsen ist, mag

nach dem Zweiten Weltkrieg auf einem Dampfer gestorben sein. Dennoch ist die Marke heute wertvoller, einflussreicher und relevanter als früher. Wie haben Sie das geschafft? In diesen sich schnell verändernden Zeiten sind die Werte der Tradition und des Erbes noch wichtiger. Marken sollten jedoch nicht konserviert und in Museen wie Kunstwerke präsentiert werden. Sie müssen immer noch nützlich und brauchbar sein. Die Vermarkter müssen sich die Zeit nehmen, um zu verstehen, welche Aspekte des Markenerbes noch immer relevant sind und welche lediglich von historischem Interesse sind. Der französische Gepäckhersteller Vuitton führte Mitte des 19. Jahrhunderts einen Koffer mit flachem Boden (stapelbar) ein, der aus Segeltuch bestand (relativ leicht) und luftdicht war (Schutz vor Überschwemmungsschäden). Dies war eine nützliche und unerlässliche Innovation für Reisende in der Ära der Dampfschiffe.

Die Vorstellung, im 21. Jahrhundert großes, steifes Gepäck zu tragen, ist für das moderne Reisen nicht geeignet. Aber der Reiz des Weltreisens war noch nie so aufregend. Louis Vuitton hat einen robusten, aktuellen und konsistenten Bezug zu Reisen rund um die Welt, einschließlich Werbekampagnenfotos, Ladenmotiven, kunstvollen Pop-Show-Ausstellungen und kuratierten Voguez und Voyagez, was es zu einer großen Marke macht Relevanz beibehalten. Sie verfolgt das Abenteuer [der Marke] von 1854 bis heute. Alle diese Produkte sind jedoch leicht und kompakt, so dass sie ideal für Flugzeugcontainer geeignet sind. Andere wichtige Unternehmen wie Apple, Walt Disney Company, Adidas und Starbucks sind dabei, ihre außergewöhnliche ästhetische Qualität weiter zu verbessern und ihre Begehrlichkeit zu steigern, wobei sie auf das Erbe und die Markencodes achten. Keines dieser Unternehmen stagniert.

Diese Unternehmen haben ähnliche Produkte wie ihre Konkurrenten. Apple-Smartphones haben die gleiche Rechenleistung wie Samsung. Airbnb, Marriott und Craigslist bieten Reisenden einen wettbewerbsfähigen Unterkunftsservice. Ästhetik ist Diskriminierung. Deshalb sind einige Kunden bereit, mehr als 1.000 Dollar für das iPhone X zu bezahlen oder eine Anzahlung von 1.000 Dollar zu leisten, um auf die Warteliste für den Kauf eines Tesla zu kommen. Die Ästhetik erklärt, warum Airbnb der bei weitem größte Markt für Ferienvermietungen ist, sowohl mit der größten Hotelgruppe der Welt als auch mit dem etablierten Internetunternehmen, das seit 20 Jahren Marktführer ist. Die Ästhetik des Buchungsprozesses ist intuitiv und attraktiv. Das Erscheinungsbild der Website ist sauber, elegant und in Bezug auf die Funktionalität inhärent. Nicht mehr als drei Klicks bis zur Buchung. Wichtiger als die Benutzerfreundlichkeit ist eine Website, die den Menschen hilft und sie zum Träumen anregt.

Der letzte Punkt im Zusammenhang mit dem Prozess der Entwicklung und Nutzung ästhetischer Intelligenz ist das, was wir als künstlerische Empathie bezeichnen: Wenn die KI beginnt, ihr ästhetisches Empfinden zu entwickeln, braucht sie so viel tiefes Verständnis und Respekt für das Empfinden anderer wie möglich. Und im Gegensatz zu unserer spiegelt sie den Markt besser wider. Die Tatsache, dass es verschiedene Arten des guten Geschmacks gibt, bedeutet nicht, dass es keinen schlechten Geschmack gibt. "Die Kenntnis des Unterschieds zwischen gutem und schlechtem Geschmack und die Sensibilität für die guten Gefühle (d. h. die ästhetische Empathie) anderer, ermöglicht es, sich vorzustellen und vorherzusagen, wer auf Ihr Produkt oder Ihre Dienstleistung reagieren wird (oder auch nicht) Ein wertvolles Instrument für das Wie.

Wenn Sie verstehen, wie Ästhetik Ihrem Unternehmen helfen kann und wie man sie effektiv und zuverlässig einsetzt, können Sie Ihre Überlebens- und Langlebigkeitschancen drastisch erhöhen. Ein gutes Beispiel dafür ist Veuve Clicquot, eine der berühmtesten Champagnermarken der Welt. Die französische Geschäftsfrau wurde Anfang des 19. Jahrhunderts durch ihre

Innovationen im Bereich der Ästhetik des Champagners als die "Große Halle des Champagners" bekannt. Im Jahr 1798 heiratete sie François Clicquot, den Sohn des Gründers der Maison Clicquot. François teilte die Leidenschaft und das Wissen über Champagner mit seiner Frau. Als sie 1805 im Alter von 27 Jahren Witwe wurde, war sie in der Lage, ein Unternehmen zu führen. Unter ihrer Führung blühte das Unternehmen weiter auf.

Madame Clicquot rettete nicht nur das Familienunternehmen, sondern verbesserte es auch, indem sie eine neue Produktionstechnik, das so genannte Puzzeln, entwickelte, die den Geschmack und die optische Attraktivität des Champagners dramatisch verbesserte. Sie entwickelte eine Methode zur Bekämpfung des unangenehmen Aussehens von Sedimenten, die sich am Boden der Flasche absetzten. Diese Technik wird auch heute noch von Winzern angewandt. Madame Clicquot hat auch die erste Rosé-Champagnermischung erfunden. Rosenchampagner ist ein faszinierendes Rosa, das bei Hochzeiten und besonderen Anlässen auf der ganzen Welt beliebt ist. Das gelb-gelbe Etikett, ein Markenzeichen von Clicquot seit 1772, ist ein starkes visuelles Zeichen für die Tradition und die Persönlichkeit der Marke. Madame Clicquot nutzte ihre ästhetische Intelligenz, um bestehende Produkte zu verbessern, besondere Produkte zu schaffen und sie zeitlos zu machen. Die Kraft einer soliden künstlerischen Strategie hat ihr Unternehmen zu einer der führenden Champagnermarken der Welt gemacht. Frau Clicquot wurde jedoch nicht mit dem Wissen über die Weinindustrie geboren und ging auch nicht auf die Hochschule, um Design zu studieren. Stattdessen sah sie mit ihrem Mann und lernte, ihrem Instinkt zu vertrauen, was am Produkt richtig war und was besser wäre. Hier beginnt das Buch mit der Idee, dass man KI lernen kann.

Der Kunsthistoriker Maxwell L. Anderson stellt fest, dass, wie Madame Clicquot gezeigt hat, die Entwicklung von KI keine formale Ausbildung oder ein Aufwachsen in einem anspruchsvollen Umfeld erfordert, aber sie bietet sicherlich die Grundlage. Der Anspruch, nützlich zu sein. Laut Dr. Anderson ist dies eine Fähigkeit, die jeder entwickeln kann. Wenn Sie leidenschaftlich gerne kochen, haben Sie vielleicht einen ausgeprägten Instinkt für gutes Essen. Der Radfahrer bringt die gleiche Strenge in sein Urteil über Fahrräder - Öl- und Acrylmaler bestimmter Marken. Anderson zufolge sollten sie in der Lage sein, diese Fähigkeiten zu übertragen und ihr Kunst- und Designurteil zu entwickeln. Das Lieblingsgeschirr des Küchenchefs, Le Creuset, folgt denselben Prinzipien exzellenter Handwerkskunst wie andere Luxusgüter. Sie sollten lernen, diese Fähigkeit zu erkennen und zu nutzen, um zwischen Gegenständen und Erlebnissen zu unterscheiden, die auch in anderen Bereichen Spaß machen. Dies ist der erste Schritt zur Förderung der KI. Übung macht den Meister. Sobald Sie die Qualität erkannt haben, widerstehen Sie dem Drang, andere zu kopieren. Authentizität und Originalität sind entscheidend für langfristige ästhetische Ergebnisse, vor allem im Geschäftsleben. Fast-Fashion-Marken können Muster, Stile und Silhouetten kreieren, die den begehrten High-End-Designerwaren ähneln, aber der Wert dieser Nachahmungen nimmt mit jedem Tragen ab. Wie bei neuen Autos haben Rabatte nur einen geringen Wiederverkaufswert. Birkin-Taschen von Helms hingegen werden oft zu Preisen versteigert, die weit über dem ursprünglichen Verkaufspreis liegen.

Bringen Sie kreative und visionäre Menschen in die Führungsetage, geben Sie ihnen den gleichen Platz am Tisch und befähigen Sie sie, ihr Bestes zu geben. Rechtfertigen Sie nicht alle Entscheidungen mit finanziellen Berechnungen. Für Geschäftsleute wie David Rubenstein ist es besonders wichtig, von ästhetisch intelligenten Menschen umgeben zu sein. In Anbetracht seiner Position muss er vielleicht nicht selbst einen ausgeprägten Sinn für Ästhetik haben. Ästhetischer Wert ist nicht auf designorientierte Unternehmen in Bereichen wie

Schönheit und Mode beschränkt. Die Herstellung von Verbindungen zwischen Menschen ist eine komplexe Aufgabe und hat weitreichende Auswirkungen. Sie kann durch Ästhetik erreicht werden. Hoffentlich führt dies zu einem luxuriöseren Markenerlebnis. Es liegt in der Verantwortung des Schöpfers, seine Gedanken mit Motiven in Einklang zu bringen, die es wert sind, persönlich tief erlebt zu werden. Der moderne Verbraucher, der nicht mehr an der Anhäufung von materiellen Gütern interessiert ist, sucht nach Tiefe und Sinn. Deshalb macht eine erträgliche Marke Sinn, ist emotional und regt die Phantasie an. Ihre Triebkräfte gehen weit über kommerzielle Motive hinaus. Sie streben danach, Generationen zu vereinen und zu begeistern, die von ihren Produkten und Dienstleistungen beeindruckt sind. Ästhetisch produktive Unternehmen müssen auf einem hellen und stabilen Fundament aufgebaut sein. Letztlich fordert es die Kunden heraus, befähigt sie und spricht sie an. Man muss seine Kunden nicht nur sehen oder behandeln wollen, um sie zu konsumieren, sondern man will sich schließlich lebendig fühlen.

KAPITEL 2

SINNE

Wie in diesem Buch erwähnt, hängen etwa 85 % der Kaufentscheidungen der Verbraucher davon ab, wie sie das Produkt oder die Dienstleistung empfinden (ästhetisches Vergnügen). Nur 15 % beruhen auf einer bewussten und rationalen Bewertung von Produktmerkmalen und Funktionen. Ironischerweise konzentrieren sich die Vermarkter zu 100 % auf die Entwicklung, den Aufbau und die Förderung von Produkteigenschaften. Solange die Ware oder die Zusammenarbeit funktioniert, haben Unternehmen, die die Sinne anregen und Wege finden, assoziative oder emotionale Verbindungen zu schaffen, einen langfristigen Wert.

KREATIVITÄT UND PSYCHOLOGIE DER EMPFINDUNG

Der Zugang zu Sinneseindrücken erfolgt über eine Reihe biologischer und neurologischer Aktivitäten, die vom Gehirn wahrgenommen und identifiziert werden und dann auf relevante Erinnerungen reagieren, die an Menschen, Orte oder Ereignisse erinnern. Unsere Ästhetik ist in hohem Maße davon abhängig, wie wir Sinneserfahrungen interpretieren. Das ist nicht alltäglich, vor allem nicht bei der Gestaltung von Lektionen und Momenten, die Menschen betreffen.

Der Schall erreicht das Gehirn zunächst durch die Vibration des Trommelfells in Richtung Gehörgang. Die Schwingungen werden über die Gehörknöchelchen an die Kuh übertragen. Durch die Wellen des Schalls bewegt sich die Flüssigkeit in der Kuh und die Haarzellen biegen sich. Die Haarzellen erzeugen Nervensignale, die der Hörnerv aufnimmt. Die Haarzellen an einem Ende der Kuh übermitteln Informationen über die Bässe, die Haarzellen am anderen Ende übermitteln Details über die Höhen. Der Hörnerv sendet Signale an das Gehirn. Im Gehirn werden die Signale als laut oder leise, beruhigend oder aufreibend interpretiert. Der Mensch reagiert auf bestimmte Geräusche. Das Geräusch eines Presslufthammers ist lästig und ärgerlich und zwingt Sie dazu, die Fenster zu schließen und über die Straße zu rennen. Das Geräusch eines weinenden Babys hingegen ist unerträglich, im Idealfall weint es mit der Schallquelle. Finden Sie ein bequemes Kind. Der Ausschluss von Hunden wird als Hinweis gesehen, und das Lachen sagt uns, dass wir uns entspannen und an dem Spaß teilnehmen sollen.

Der Geruch ist ein chemischer Prozess, und unsere Nasenrezeptoren und -nerven identifizieren Chemikalien in der Umwelt, die gutartig, angenehm oder abstoßend sein können. Unser Geruchssinn hat auch mit dem Riechkolben zu tun, einer der Strukturen des limbischen Systems, des alten Teils des menschlichen Gehirns. Unser Geruchssinn ist in diesem natürlichen Teil des Gehirns verwurzelt, der Teil des Überlebensmechanismus ist. Der Geruchssinn ist nicht mit dem Thalamus verbunden, der alle anderen Sinnesinformationen integriert. Der Geruch wird direkt an die Amygdala und den Hypothalamus weitergeleitet. Keiner unserer anderen Sinne hat eine so direkte Verbindung zu dem Bereich des Gehirns, der für die Verarbeitung von Emotionen, assoziatives Lernen und Gedächtnis zuständig ist. Der Duft von frisch gemähtem Gras erinnert an den Frühsommer. Zitrusfrüchte, insbesondere Zitronen, stehen für Sauberkeit. Die Kiefer erinnert uns an einen festlichen Winterurlaub. Wie die Ergebnisse zeigen, machen uns alle drei Düfte glücklich. Kaffeeähnliche Düfte können helfen, analytische Probleme besser zu lösen.

Der Tastsinn ist Teil des somatosensorischen Systems und eines umfangreichen und vielfältigen Netzes von Rezeptoren und Verarbeitungszentren, die dazu beitragen, angenehme Empfindungen, Temperaturen und Schmerzen wahrzunehmen, die im Scheitellappen der Großhirnrinde verarbeitet werden. Diese Sinnesrezeptoren erstrecken sich über Haut und Epithel, Skelettmuskulatur, Knochen und Gelenke, innere Organe und sogar das Herz-Kreislauf-System. Kaschmir vermittelt ein Gefühl von luxuriösem Komfort. Der erfrischende Geschmack des dicht gewebten Perkalblatts vermittelt ein Gefühl von Eleganz und Ordnung. Raue Eichentische vermitteln ein Gefühl von Stärke und Beständigkeit.

Der Blick ist der vorherrschende Sinn des postindustriellen Zeitalters, in dem die visuelle Wahrnehmung darin besteht, Licht, Farbe, Form, Bewegung und alles andere in unserer Umgebung wahrzunehmen. Natürlich wird das, was wir sehen, im Gehirn interpretiert, aber bestimmte Farben und Konfigurationen können es manipulieren. Im Westen bedeutet

Rot oft Stillstand, Blut oder Geschlecht. Gelb steht für Freude und Sonnenschein. Weiß steht für Reinheit und Sauberkeit. Und Grün steht für Frische und Natur.

Geschmack ist die Fähigkeit, das Gefühl einer Substanz zu erkennen. Beim Menschen (und anderen Wirbeltieren) wird der Geschmack oft weniger stark wahrgenommen als die Wahrnehmung des Geruchs im Gehirn. Er ist eine Funktion des zentralen Nervensystems. Unsere Geschmacksrezeptoren befinden sich auf der Oberfläche der Zunge, des weichen Gaumens, des Rachens und des Epiglottis-Epithels. Traditionell haben wir vier primäre Geschmacksempfindungen definiert: süß, salzig, sauer und bitter. Die fünfte Empfindung, Umami genannt, ist eine neue Empfindung, die zu den traditionellen vier hinzugekommen ist. Der süße Geschmack steht für Spaß und Genuss (Eis, Schokolade), der saure Geschmack für Wärme und Behaglichkeit (hausgemachte Nudeln, gebratenes Huhn, Gemüsesuppe), Kraft und Umami (Parmesan, Tomaten, Pilze, Rindfleisch).

DER EINFLUSS VON HALO

Ästhetisches Vergnügen ist die tiefe Befriedigung oder das Vergnügen, das empfunden wird, wenn eine Empfindung (mindestens drei der fünf siegreichen) in Bezug auf ein bestimmtes Produkt, eine bestimmte Marke, eine bestimmte Dienstleistung oder eine bestimmte Erfahrung geweckt wird. Interessanterweise verzehrt diese Form des Vergnügens nicht nur ein Produkt oder eine Dienstleistung, sondern auch dieselbe Erinnerung, die ein Gefühl hervorruft, wenn wir es anfassen, und zwar aufgrund der Kombination von Erwartung und Erinnerung an die Erfahrung mit dem Produkt oder der Dienstleistung. Behandeln Sie die sensorischen Elemente des Produkts, die Sie genießen können. Studien zeigen, dass etwa 50 % des Vergnügens der Verbraucher mit Erwartungen und Erinnerungen zusammenhängen (der Rest mit vergangenen sensorischen Erfahrungen). Die anderen fünfzig Prozent hängen mit der unmittelbaren Erfahrung zusammen (die fünf Sinne arbeiten zusammen und beschäftigen den Menschen in dieser Zeit).

Obwohl es nicht erklärt, wie ein Unternehmen den finanziellen Erfolg eines Unternehmens verbreiten kann, ist die Erfahrung ein Kontinuum, das die Erinnerung an die Führung, den Hintergrund und das, was immer wieder den Punkt informiert, einschließt. Das ursprüngliche Beispiel ist die Geburt. Die stimulierenden Erwartungen an das Baby und die Erinnerung daran, wie wunderbar sich das Neugeborene anfühlt und riecht, stehen oft im Gegensatz zu den unerträglichen Schmerzen der Wehen während der tatsächlichen Geburt. Dieser Schmerz kann verziehen werden, wenn die Erinnerungen in die Ferne rücken oder wenn das zweite Baby kommt und die Aufregung und die Erwartungen wieder steigen. Denken Sie daran, eine leckere Mahlzeit zu sich zu nehmen. Essen macht Spaß, aber die Erinnerung an den nächsten Tag ist Teil des Erlebnisses, und man denkt und plant, in Zukunft im selben Restaurant zu essen. Das Gleiche gilt für Achterbahnfahrten. Nicht nur der Nervenkitzel beim Ausgehen, sondern auch die Verbindung zu Karnevalsveranstaltungen und Parks mit Familie und Freunden, die Erinnerung an die Gefühle, wenn wir den Truck rauf und runter fahren, ist von Bedeutung,

Familienausflüge nach Disney World sind ein weiteres Paradebeispiel für den Halo-Effekt. Die Erfahrung, in einem Freizeitpark zu sein, ist im Allgemeinen angenehm, aber sie ist nicht ohne Nachteile, wie die unerträglich heißen und feuchten Bedingungen in Orlando. Die langen Schlangen vor den beliebtesten Attraktionen, vor allem zu Stoßzeiten. Die hohen

Kosten für Mahlzeiten auf dem Gelände. Wenn man uns jedoch bittet, den Disney-Urlaub zu erklären, denken die meisten von uns an ein Lächeln auf dem Gesicht eines Kindes, den Nervenkitzel, wenn man Mickey umarmt, die Magie, wenn man eine Prinzessin durch ihr Königreich schlendern sieht, und eine bunte, lustige Unterhaltungsflut. Während sich Familien auf ihren bevorstehenden Disney World-Urlaub vorbereiten, sind wir immer aufgeregter, die neuesten Fahrgeschäfte zu erleben und die neuesten Figuren zu treffen. Wenn man sich an die Freuden erinnert, die man bei seinem letzten Besuch erlebt hat, dann ist es nicht die unerträgliche Hitze in Orlando oder die Monotonie des Wartens auf den Astro Orbiter, der sich dreht. Disney World bietet ein so magisches und unvergessliches Erlebnis, das die Menschen mit allen Sinnen und Emotionen einbezieht. Sieben Andere Verbrauchererlebnisse können ebenso eindringliche Möglichkeiten bieten, indem sie die Möglichkeit bieten, sehr persönliche Dinge zu sehen, zu fühlen, zu hören, zu schmecken und zu riechen. Das persönliche Territorium hat Vorteile. Die Themenparks (und Unternehmen) sind bedeutend, aber die Lektionen, die Disney World lehrt, gehen über den Maßstab hinaus. Disney hat einen Weg gefunden, die Marke zu entdecken und diese Ebene für die Kunden, die Gäste, zu erschließen.

Bedauerlicherweise berücksichtigt der Halo-Effekt nicht das Kundenerlebnis von Anfang bis Ende, so dass die Unternehmen immer falsch liegen. In Bekleidungsgeschäften und Boutiquen zum Beispiel wird man willkommen geheißen und der Eingang ist angenehm und attraktiv gestaltet. Ein Verkäufer kann mir helfen, ohne gehorsam zu sein. Das Bezahlen kann jedoch mühsam sein, und Lieferungen, die selbst in gehobenen Kaufhäusern als rot und gleichgültig wahrgenommen werden, können unangenehme oder zumindest unauffällige Erinnerungen hinterlassen. Insbesondere Einzelhändler können das Einkaufserlebnis angenehmer, aufregender und einprägsamer gestalten.

Das traditionelle Einzelhandelsgeschäft ist nicht tot, sondern verloren. Sie sind ein Klischee und, was noch schlimmer ist, sie sind unvergesslich. Wie können Einzelhändler ihre Kunden besser beeindrucken, am besten sehr positiv? Zunächst einmal können die Mitarbeiter sie begrüßen und verabschieden, wenn sie das Geschäft betreten. Sie könnten den besten Kunden handschriftliche Notizen schicken und ihnen ihre Aufmerksamkeit und Wertschätzung zeigen. Auch wenn solche Bemühungen trivial erscheinen mögen, sollten Sie die Wirkung von persönlichen Aufzeichnungen auf Menschen nicht unterschätzen. Eine an der Universität von Texas durchgeführte

Studie ergab, dass diejenigen, die anerkannt wurden, sich viel glücklicher fühlten, als die Forscher erwartet hatten. Im Durchschnitt brauchten die Studienteilnehmer weniger als 5 Minuten, um einen Brief zu schreiben. Einzelhändler können auch kleine Geschenke beifügen, die nicht in Geschäften verkauft werden, aber zum Zeitpunkt des Kaufs ergänzend und originell sind. B. Parfümproben, Potpourri oder Süßigkeiten. Man ruft auch Kunden an und bedankt sich bei ihnen mit Namen, die auf den Kreditkarten leicht zu finden sind, und behauptet, sich an die Namen derjenigen zu erinnern, die wiederkommen. Solche Gesten sind unaufdringlich und praktisch kostengünstig.

Bite Beauty nennt das Geschäft ein Lippenstiftlabor, und die Läden in New York, Los Angeles, San Francisco und Toronto sind ein Beispiel für ein sauberes, elegantes, laborähnliches Erscheinungsbild, das gleichzeitig modisch und komfortabel ist. Mit einer langen, glänzenden Arbeitsplatte kann man den Stuhl hochstellen und den Technikern erlauben, gemeinsam individuelle Farben zu kreieren. Der Kauf eines Lippenstifts ist persönlich und einzigartig. Das steht im Gegensatz zu vielen Einkaufserlebnissen, bei denen man sich in großen Geschäften allein gelassen oder von ungeschultem und gleichgültigem Personal ignoriert fühlt. Nicht nur im Hinblick auf die

Kaufkraft, sondern auch auf die Persönlichkeit müssen die Verkäufer ihre Rückkehr zu einem zuvorkommenden Service überdenken, bei dem sie wirklich an ihren Kunden interessiert sind. Erfolgreiche [Einzelhandels-]Technologie lässt den Menschen nicht zurück und steigert auch nicht die Effizienz, aber sie erleichtert Transaktionen und fördert die Interaktion von Mensch zu Mensch. Diese Verbindung kann durch den Umgang mit Gefühlen erreicht werden. Bite macht aus einem für viele unverzichtbaren und alltäglichen Schönheitsprodukt ein kreatives und interaktives Erlebnis, das durch Ladendesign, Beleuchtung, Atmosphäre und Personal aufgewertet wird.

Die Leute lieben es, im Joe Malone Parfümladen einzukaufen, weil er die Sinne anspricht und sich alles besonders anfühlt. Die Verkäuferinnen sind gut geschult und sprechen professionell und großzügig über Düfte. Die Käufer werden ermutigt, so viel Parfüm zu probieren, wie sie möchten, und genießen die Erfahrung, Düfte zu vergleichen. Der Kaufvorgang ist der aufregendste Teil von Joe Malone Travel. Wenn Artikel wie Geschenke verpackt und präsentiert werden, blüht die Marke an der Kasse auf. Die Produkte werden sorgfältig in Grosgrain-Schachteln eingewickelt, in luxuriösen Einkaufstaschen verpackt und prächtig überreicht. Wenn Sie nach Hause kommen, öffnen

Sie das Geschenk und stellen es stolz auf Ihre Kommode oder Ihren Schreibtisch, um das Erlebnis fortzusetzen.

DIE FORM DES GUTEN GESCHMACKS UND DES KLANGS

Der Geschmack beim Kochen tritt nicht so häufig in Erscheinung wie die anderen vier Sinne. Dennoch ist es für alle, die mit Essen und Trinken zu tun haben, wichtig, den Geschmack richtig zu verstehen. Selbst wenn das Produkt mit den frischesten und hochwertigsten Zutaten hergestellt wird, können andere Faktoren selbst den köstlichsten Mahlzeiten, Snacks und Cocktails zum Verhängnis werden. Beginnen Sie mit etwas so Einfachem wie einem Glas Wein. Je dünner die Linse, desto besser schmeckt der Wein, und das ist noch nicht alles. Das ist in der Wissenschaft so. Chemikern zufolge hängt der Dampfanstieg von Wein von der spezifischen Form und Dicke des Glases ab, was sich positiv oder negativ auf den Geschmack des Weins auswirken kann. Es wird allgemein angenommen, dass Champagner am besten aus langen, hohen Flöten schmeckt und dass der Schaum aus dem altmodischen (aber immer noch attraktiven) Coupe schnell abfällt.

In Wirklichkeit schmeckt Champagner am besten, wenn er in einem dünnen Weißweinglas von guter Qualität serviert wird. Restaurants (und andere), die feinen Champagner in einer Flöte oder einem Coupe servieren, beeinträchtigen das Trinkerlebnis. Einer der Gründe für die Liebe zum Champagner ist, dass die Pfeife den Wein in Schwung hält, sagt Seth Box, Einzelhandelsdirektor bei Hennessy, dem Eigentümer der weltbesten Champagnermarke. Allerdings verhindern die Flöten, dass man den Duft des Weins wahrnimmt, der Teil des Verkostungserlebnisses ist. Man kann seine Nase nicht in ein enges Rohr stecken, bemerkt Box.

DIE GNADE DER HÄSSLICHKEIT

Die Aktivierung von Empfindungen zur Erzielung von ästhetischem Vergnügen ergibt sich nicht nur aus der Standardbewegung von Schönheit und Komfort. Sie kommt auch von vielen abstoßenden Erfahrungen, die viel oder unheimlich zu sein scheinen. Die Franzosen haben das Wort Jolly Reid, das sehr hart ist und die Idee am besten wiedergeben soll. Menschen werden von Dingen angezogen, die sie abstoßen. Natürlich, aber nicht immer, erklärt dieses Konzept, warum wir mit der unheimlichen Befriedigung der Achterbahn der Heavy-Metal-Band Anthrax, dem Horrorfilm The Exorcist und Dreamworlds Tower of Terror zufrieden sind. Sogar Mode kann uns berühren und durch unsere Sinne Freude bereiten.

Guccis jüngster Erfolg im Bereich der hässlichen Mode ist ebenfalls offensichtlich geworden. Alessandro Michele, der Gucci 2015 übernommen hat, ist auch für seinen grenzenlosen Anti-Schönheits-Ansatz bei Drucken, Mustern und Grafiken bekannt. Ein klarer Weg zu ihm, schick und nerdig, mit schrulligen und überraschenden Mustern und Farben, mag Puristen als geschmacklos und puristisch erscheinen. Für viele andere jedoch hat sein Design einen neuen Zugang zu europäischem Luxus geschaffen und es ermöglicht, Menschen auf unkonventionelle und ungewöhnliche Weise auszudrücken. Er wählte eine Kategorie, die High Fashion, die einigermaßen Spaß machte und an Regeln gebunden war, und machte sie wieder lustig und kreativ. Michelles allgemeine Designethik ist, dass mehr mehr ist. Das heißt, mehr Farben, mehr Muster, mehr Texturen.

Seine Entwürfe sind besser für Fremde. Weil sie alle Arten von Möglichkeiten bieten, sich mit Menschen durch Empfindungen zu verbinden, erinnern einige Modelle an das, was wir aufgrund des Retro-Gefühls der 60er, 70er und sogar der 80er Jahre als einfacher empfinden. In der romantischen Vergangenheit fühlen wir uns glücklich und geborgen, auch wenn wir damals nicht dabei waren (wie der jüngste Kunde von Gucci). Dieser Geist findet sich in den berühmten und erfolgreichen Turnschuhen, sehr farbenfrohen Strickwaren, Schuhen, Handtaschen, Geldbörsen, Rucksäcken, Pullovern, Jeanshosen, Kapuzenpullis, Bomberjacken und Schals für Juweliere. Die abgebildete Welpenillustration stammt von einer Künstlerin namens Helen Downey, die auch als ungelernte Arbeitskraft bekannt ist. Er hat Michelle zwei Kissen geschenkt, die mit den Grafiken von Boston's two Boss Terrier und Ortho verziert sind. Dies ist ein Michele-Klassiker. Inspiriert von Künstlern und umgesetzt in überraschende und lustige Konsumgüter. Aber definiert es die traditionelle Vorstellung von Schönheit in der Mode? Ganz und gar nicht. Es gibt kantige Entwürfe, und sie sind eine Herausforderung.

Solange hässliche Mode auf attraktiven Eigenschaften wie Charme und Verschrobenheit beruht. Hässlichkeit ist nie etwas Gutes, selbst wenn sie auf echten Eigenschaften wie gemein und geil beruht. Betrachten Sie den Unterschied zwischen einem albernen Mops und einem brüllenden, blutrünstigen Pitbull. Die meisten Menschen finden das erste Foto niedlich (auch wenn es vielleicht trotzdem schmutzig ist) und das zweite Foto liebenswert. Guccis Patzer mit einem schwarzen Pullover ist ein klassisches Beispiel. Im Februar 2019 brachte das Unternehmen ein schwarzes Hemd im Wert von 890 Dollar auf den Markt, auf dem rote Lippen um die Mundöffnung des Trägers gewebt waren. Kritiker des Pullovers merkten an, dass, wenn das Unternehmen mehr farbiges Personal in den Design- und Marketingabteilungen beschäftigt hätte, die Trikots als unangemessen eingestuft worden wären, bevor sie hergestellt wurden.

AKTIVIEREN UND REAKTIVIEREN: SENSORISCHES MARKETING

Emotionen mögen flüchtig sein, aber damit verbundene Gefühle halten länger an. Daher müssen die Vermarkter die wahrgenommenen Auswirkungen auf die Kunden vor, während und nach dem Erlebnis verstehen. Alles ist wichtig, wenn man darüber nachdenkt, wie man die Sinne der Menschen ansprechen kann. Die Sinneseindrücke müssen aktiv sein. Die Empfindungen müssen nicht so angenehm sein wie früher, aber sie sollten auch nicht unangenehm sein. Magen-Achterbahnfahrten, verrückte Gucci-Mode und laute Heavy-Metal-Musik haben allesamt begeisterte Fans. Sie kennen ihre Kernbestandteile und wissen, dass scharfe Sinne damit umgehen können, aber für andere kann es ein unangenehmes Gefühl sein.

Ein typisches Beispiel ist ein Bloomingdale-Verkäufer, der Parfüm versprüht, egal ob er den Kunden mag oder nicht. Vielleicht riecht das Parfüm gut, vielleicht aber auch nicht, aber es ist eine unangenehme Erfahrung, wenn es den Käufern sehr aggressiv aufgezwungen wird. Heute hat sich die

Herangehensweise an den Verkauf von Parfüm in Kaufhäusern drastisch geändert, da die Einzelhändler verstanden haben, dass die Technologie nicht nur die Sinne, sondern auch die Menschen beeinflusst. Heute schulen viele Einzelhändler ihr Verkaufspersonal darin, die Kunden nach ihren Lieblingsdüften zu fragen, nach Antworten zu fragen und dann die Düfte auszuprobieren, die ihren Geschmack treffen.

Rolls-Royce erkannte, dass der Geruch von Vorteil war, und änderte das Herstellungsverfahren und begann, für einige Teile des Fahrzeugs Kunststoff auf Lederbasis anstelle von Holz zu verwenden. Die Kunden mochten den Geruch von Plastik nicht. Es war nicht der luxuriöse Neuwagengeruch, den sie von einem Automobilhersteller erwarteten. Die Verkäufe gingen zurück. Rolls-Royce war klug genug, die Kunden zu fragen, warum sie das neue Modell ablehnten. Die Kunden sagten, die alten Modelle hätten lecker und holzig gerochen, aber die neuen Autos rochen nach dem Kunststoff, aus dem sie hergestellt wurden. Eine der wenigen Komponenten des neuen Modells (die Schalter für die Fenster und das Armaturenbrett fühlten sich aufgrund der Verwendung leichterer Materialien auch leichter an) wirkte sich auf den Absatz aus, war aber erheblich. Die Erwartungen der Menschen an ein Produkt hängen damit zusammen, wie sie sinnvoll mit dem Produkt umgehen. Rolls-

Royce ging dieses Problem an, indem es einen Geruchsexperten engagierte, den holzigen Geruch alter Autos nachahmte und einen Duft entwickelte, der den Geruch des Rolls-Royce Silver Cloud von 1965 als Vorbild hatte. Der Duft wurde nach der Herstellung auf die Innenräume von Neuwagen aufgetragen.

Der Geruch ist auch kulturell bedingt. Beim Umgang mit den Kunden müssen die Unternehmen berücksichtigen, wer kauft und welche Geruchserwartungen er hat. Für Amerikaner ist der Geruch von sauberen Waschmitteln ein Gegensatz, so Olivia Jezler, Leiterin von Future of Smer, einer Duftexpertin, die sich mit Aromawissenschaft, Psychologie und Aromadesign beschäftigt. Außerdem sagt sie, dass die Idee eines sauberen Geruchs aus China oder Indien stammt. Die chinesische Medizin, die oft auf Kräutern basiert, wirkt reinigend, ebenso wie die ayurvedische Medizin in Indien. Die Menschen in diesen Ländern assoziieren Sauberkeit eher mit dem Geruch von Erde und Gras als die Amerikaner, die Frische eher mit einem Blumenduft verbinden.

Starbucks hat auch festgestellt, dass Gerüche nützlich sind. Die Lektion wurde gelernt, als ein unerwünschter und unerwarteter Geruch in Form eines Frühstücksbrötchens, wie Rolls-Royce, in den Laden gebracht wurde. Der Umsatzrückgang bei den

Kunden im Jahr 2008 stand in direktem Zusammenhang mit dem Geruch der Sandwiches. Er schuf einen Royalisten. Er störte das Aroma des Kaffees, das die Kunden erhofft und genossen hatten, und verdarb letztlich das Gesamterlebnis im Laden. Das Mittagessen wurde zurückgezogen, neu formuliert und ohne den unangenehmen Geruch wieder eingeführt.

UNAUFFÄLLIGES MUSTER UND ERHÖHTER KOMFORT

Erstklassige Unternehmen bieten oft auch ein eindrucksvolles, aber unbemerktes sensorisches Erlebnis. Dies wird als unsichtbares Design bezeichnet. Die Elemente sind vielleicht nicht eindeutig, haben aber einen geringen oder gar keinen Wert. Beachten Sie, dass alle Lippenstifte aus denselben wesentlichen Inhaltsstoffen hergestellt werden. Warum zahlen Frauen für den Lippenstift Chanel Rouge Allure Velvet ($ 37), der bei Neiman Marcus verkauft wird, sechsmal mehr als für den Super-Gloss-Lippenstift von LeBron Cherry ($ 6,02), der bei Wal-Mart verkauft wird? Die Frauen sagen vielleicht, dass sie die Haltbarkeit des Chanel-Lippenstifts mögen oder wie lange er hält, aber in Wahrheit bevorzugen sie das ästhetische

Erlebnis der Verwendung teurerer Lippenstifte. Die Qualität des Wachses ist natürlich genauso wichtig wie der Rotton.

Das Gewicht des Chanel-Zylinders, der Glanz der Metallränder oder das elegant eingravierte Doppel-C-Logo auf der Kappe können das Vergnügen der Benutzerin noch steigern. Sogar das Erlebnis, einen Chanel-Lippenstift zu kaufen, ist seltener, als in eine dunkel beleuchtete Drogerie zu gehen, eine durchsichtige und manipulationssichere Plastikverpackung aus einem Gepäckträger zu ziehen und darauf warten zu müssen, dass die Kassiererin einen anruft. Ein luxuriöser Kauf, der Spaß macht. LeBron und seine Drogeriemarktpartner behaupten, dass sie von Chanel viel lernen können, wenn es darum geht, ästhetische Währungen aufrechtzuerhalten und den Umsatz zu steigern, ohne unbedingt die Kosten oder Preise zu erhöhen.

Durch die Investition von ein paar zusätzlichen Pence pro Einheit könnte Revlon die Sekundärverpackung umgestalten und den Lippenstift in eine kleine Streichholzschachtel verpacken, die sich exklusiver anfühlt und eines Geschenks würdig ist. (Beim Verkauf von Schönheitsprodukten muss man die Geschenkzeremonie berücksichtigen.) LeBron kann auch seinen Namen oder sein Logo in das Wachs des Stifts gravieren.

Für Chanel bedeutet dieses Designelement, dass sich echte Anwendungen weniger gewöhnlich anfühlen und besser identifizierbar sind. LeBron könnte auch in Erwägung ziehen, die Sprache der Werbung neu zu gestalten. Derzeit konzentriert sie sich auf die Funktionalität (wachsfreie Gel-Technologie), verwendet Klischees und kitschige Ausdrücke (auf den ersten Blick) und lässt attraktive visuelle Hinweise vermissen - ein stärkerer origineller fotografischer Stil für Chanel-Anzeigen. Was das Merchandising betrifft, so zeigt LeBron die Produkte in Kollektionen (ColorStay, PhotoReady) oder Erscheinungsbildern (Smokey Eyes, Gay Lockers) und kann sie nicht in Kategorien (Lippenstift, Mascara) zeigen. Dies wird die Verbraucher davon abhalten, einzelne (problemlösende) Artikel zu kaufen oder saisonale Sets oder Gesamtstile zu erwerben. Vor allem aber werden die Verbraucher träumen können. Wenn es um Make-up geht, kaufen die Verbraucher Erlebnisse, die durch eine Vielzahl von Produkten zugänglich sind, die persönlich und eigenwillig aussehen.

SOUNDEFFEKTE UND UNSERE VORLIEBEN

Schall beeinflusst uns auf vier Arten. Die erste ist physiologischer Natur. Sirenen, kämpfende Menschen oder das Knurren eines Hundes lösen eine Kampf- oder Fluchtreaktion aus, während beruhigende Geräusche wie Meereswellen und Vogelgezwitscher den Herzschlag senken und beruhigen. Sie zeigen an, dass die Dinge sicher sind (Sorgen, wenn der Vogel aufhört zu singen). Der zweite Aspekt ist psychologischer Natur. Zum Beispiel beeinflusst Musik unseren emotionalen Zustand. Traurige Musik macht uns depressiv, und schnelle Musik macht uns glücklich. Auch natürliche Geräusche beeinflussen unsere Gefühle. Vögel, die dasselbe Lied singen, bereiten uns Freude und sorgen für physiologischen Komfort. Die dritte Art, wie Schall auf uns einwirkt, ist die Kognition. Menschen, die in Großraumbüros mit vielen Mitarbeitern arbeiten, sind 66 % weniger produktiv als Menschen in privaten und ruhigen Büros. Großraumbüros haben im Zuge des Technologiebooms an Popularität gewonnen, und einige Unternehmen sind immer noch im Nachteil.

Die vierte Art, wie Klang auf uns einwirkt, ist die Aktion. Wenn Sie beim Autofahren schnelle Musik hören, können Sie das Gaspedal durchtreten. Wenn Sie Pachelbels Kanon hören, können Sie in einer Geschwindigkeitszone von 45 mph und 55 mph arbeiten. Der Ton bestimmt, was wir essen. Studien zeigen, dass Menschen eher zu zucker- und kalorienreichen Snacks und Junkfood greifen, wenn sie von lauter Musik umgeben sind, und zu gesünderen Produkten, wenn sie sanfte und ruhige Musik hören. Dipayan Biswa, Professor für Wirtschaft und Marketing an der Universität von Südflorida in Tampa, sagt, dass laute Musik aufregender, körperlich erregt und hemmungsloser ist und dass wir eher dazu neigen, etwas Großzügigeres zu wählen. Bei leiser Musik sind wir entspannter und aufmerksamer und neigen dazu, etwas zu wählen, das auf lange Sicht für uns geeignet ist.

Normalerweise neigen wir dazu, unangenehme Geräusche zu vermeiden (z. B. Bautrupps, die auf den Gehwegen der Stadt herumlärmen) und beruhigende Klänge zu hören (z. B. das Klingeln eines Eiswagens). Leider kann sich lästiger Lärm nachteilig auf Einzelhandelsflächen (und andere Gewerbeflächen) auswirken. Etwa 30 % der Menschen werden ein Geschäft nicht öffnen, wenn es unangenehmen Lärm enthält.

In Supermärkten wird oft Fahrstuhlmusik eingesetzt, um die Geschwindigkeit zu verringern, zu verweilen und sogar einzukaufen. Up-Tempo-Musik wird in Restaurants häufig zum

Betreten und Verlassen verwendet, um sowohl Gäste als auch Personal anzuregen und um die Plattenteller schnell zu drehen. Wenn Sie der Rhythmus jedoch stört, können Sie die Musik auch ganz weglassen. In einem klassischen französischen Restaurant können Sie die Stimmung und das Tempo bestimmen, indem Sie Chanties mit Piaf im Hintergrund spielen. Wenn die Lautstärke jedoch zu laut ist, um sich mit Gleichgesinnten zu unterhalten oder zu hören, kann ein italienisches Lokal, in dem Frank Sinatra leise gespielt wird, gewinnen. Geschäfte, die zu laute Musik spielen, können die Freude am Stöbern und Anprobieren beeinträchtigen und bieten sich und ihren Kunden einen schlechten Service.

KAPITEL 3

DEN CODE KNACKEN

> ➤ **KENNEN SIE IHRE EMOTIONALEN AUSLÖSER UND DIE SENSORISCHEN HINWEISE DER MARKE**

Der Nokia-Klingelton, auch bekannt als Grande Valse, war der erste Klingelton, der auf einem Mobiltelefon zu hören war. Er wurde von dem finnischen Unternehmen Anfang der 90er Jahre eingeführt und geht auf eine Komposition des spanischen Komponisten Francisco Tarrega für Sologitarre aus dem Jahr 1902 zurück. Heute wird er weltweit 20.000 Mal pro Sekunde auf Mobiltelefonen abgespielt. Tapio Hakanen, Leiter der Abteilung Sound Design bei Nokia, erklärte dies 2014 gegenüber Reportern. Die heutigen Töne sind weniger ausgeprägt, aber die Verwendung von sanften Akustikgitarren für Klingeltöne war anfangs eher selten. Sie spiegelten den menschlichen Aspekt des Mottos wider, das die Menschen bei Nokia verbindet. Damals war das noch frisch. In gewisser Weise war die Popularität dieses Klingeltons ein Zeichen dafür, dass die ultimative Leistung mobiler Geräte, Menschen auf der ganzen Welt zu verbinden und die Technologie zu nutzen, um die Menschheit voranzubringen, vorauszusehen war.

Ein gutes Unternehmen besteht aus Tausenden von Komponenten, aber eine gute Marke wird mit nur einer Handvoll robuster Codes geschaffen. Grande Valse ist wahrscheinlich zu einem der wichtigsten Nokia-Markencodes geworden. Was ist ein Markencode? Es handelt sich um klare und eindeutige Identifizierungen oder Kennzeichen der Marke, die ihre philosophischen und ästhetischen Aspekte zusammenfassen. Der Markenkodex ist nicht mit dem Markenlogo zu verwechseln. Ein symbolisches Logo kann jedoch eine von vielen verschiedenen Arten von Codes sein. Der Markencode unterscheidet sich von der Marken-DNA, die in der Regel auf Faktoren wie der Markengeschichte, dem Wert und dem sozialen Zweck (oder der Mission) beruht, da die DNA konzeptioneller und nicht sensorischer Natur ist. Am wichtigsten ist vielleicht, dass sich der Code zwar von den verkaufbaren Produkten der Marke abhebt, aber die Verbraucher bewusst und unbewusst mit den Ideen, Erinnerungen und Emotionen verbindet, die diese Produkte hervorrufen, und sie auch zum Kauf anregt.

Räumlich kann man den Code sehen, fühlen, hören und sogar erleben. In der Tat sind sie fast überall in Produkten, Produkten und Produkten zu finden. So kann beispielsweise ein starker Slogan eine emotional aufgeladene Verbindung herstellen, die den Wunsch nach verwandten Produkten weckt. Folger zum Beispiel ist der beste Teil des Erwachens, Coca-Cola möchte der Welt das Lied beibringen, und Miau, Miau, Miau, Miau in Meow Mix evozieren die Morgenzeit und das angenehme Gefühl eines Neuanfangs. Einigkeit und Gemeinschaft. Und an die Süße und den Charme des geliebten Haustiers. Akkorde, die in Klängen wie Nokia-Songs, Ho-ho-ho von Jolly Green Giant oder MGM-Löwentönen vorkommen, wecken ebenfalls starke Assoziationen.

Starke visuelle Codes finden sich in bestimmten Farbverwendungen und Besitzverhältnissen wie Harvard Crimson Red, Cadbury Royal Purple und Veuve Clicquot's Yolk Yellow. Frau Lauder wählte einen hellen grünlich-blauen Farbton für das Hautpflegeglas, damit es sich gut in das Badezimmerdekor des Kunden einfügt und die Creme stolz auf der Theke präsentiert. Aber auch, um die Eleganz zu unterstreichen, die ihre Gläser aus der Ferne leicht erkennbar machte und an die Verwendung der fabelhaften europäischen Chinoiserie erinnerte. Heute verwendet die Marke eine breitere

Palette von Farbtönen, von Kupferbraun bis zu strahlendem Weiß, aber das ursprüngliche Blau bleibt für einige der bekanntesten Cremes und Lotionen erhalten.

Der Code findet sich auch in den Raum- und Gebäudedesigns. B. Beleuchteter Apfel. Er fällt auf und ist in die Wand des Apple Store eingebaut. Außerdem ist der Apple Store leicht an den großzügigen Räumen, den raumhohen Glasfassaden und den vorderen Hangartüren zu erkennen. Diese Faktoren unterscheiden Apple nicht nur von den umliegenden Geschäften, sondern verwischen auch den Unterschied zwischen innen und außen und lenken die Aufmerksamkeit der Menschen auf die Produktauslage, die der Star der Apple-Bühne ist. Interessanterweise scheitern andere Einzelhändler bei dem Versuch, das Designkonzept von Apple zu kopieren. Denn sie empfinden ihr Imitationsgeschäft als unecht und uninspiriert.

Der Code diente dem Unternehmen so lange, wie die US-Verbraucher Konsistenz und Vorhersehbarkeit wünschten und das Land sehen wollten, indem sie lange Strecken innerhalb des Unternehmens fuhren. Johnson erkannte, dass nach einem langen Tag des Fahrens und der Besichtigung neuer Orte der imaginäre Komfort (ohne Aufräumen) von zu Hause gerne angenommen wurde. Aus diesem Grund wurden neue Restaurants nach dem Vorbild der Kirchen in Neuengland oder des Rathauses mit Giebel- oder Flügeldächern und Kuppeln gebaut. Das Rathaus von Neuengland selbst war ein von Johnson entlehnter Code, um Willkommen, Sicherheit und traditionelle Gastfreundschaft zu zeigen. Langdon zufolge sind die Schindeln auf den Porzellan- und Metalldächern orange gefärbt, um die Aufmerksamkeit entfernter Autofahrer auf sich zu ziehen. Doch als sich die amerikanischen Wünsche änderten, unterschied sich HoJo nicht mehr von ihnen, und das Unternehmen verlor seinen Vorsprung. Andrew King, Professor an der Tuck School of Business an der Dartmouth University, und Brazier Bataltok Tof, Doktorand an der University of British Columbia in Vancouver, erzwangen die Sanierung schließlich mit grundlegenden wirtschaftlichen Überlegungen.

Die Verbraucher kaufen Produkte und Dienstleistungen in der Regel danach, wie sie diese Angebote empfinden. Wenn ein Angebot nicht mit den sich ändernden Wünschen der Verbraucher Schritt halten kann, werden Unternehmen scheitern. HoJo's ist ein klassisches Beispiel. Für ein Unternehmen ist es schwierig, allein durch das Produktdesign Emotionen zu erzeugen. Markencodes bieten viel mehr

Bedeutung und emotionale Resonanz als einzelne Produkte. Sie sind einer der wertvollsten Vermögenswerte einer Marke, da sie eine starke und dauerhafte leidenschaftliche Verbindung zwischen Menschen und Produkten schaffen. Im Grunde genommen sind sie die Wurzel der Begehrlichkeit eines Produkts, oder was Ökonomen als Nachfrage bezeichnen.

WIE SICH CODES ENTWICKELN

Der Code entsteht und entwickelt sich organisch, langsam und unbeabsichtigt. In der Regel gehen sie vom Unternehmensgründer und seinen Grundprinzipien und persönlichen Vorlieben aus. Der Markenkodex selbst wird nicht als Kodex geschaffen. Er ist ein Nebenprodukt eines umfassenderen kreativen Prozesses. Wenn das System gut konzipiert und konsequent in die Markenentwicklung integriert ist, wird es zum erkennbarsten Element der Marke. Es wird weiterhin aussagekräftige und einprägsame Geschichten über die Geschichte der Marke, ihre Erfahrungen und das Produkt

You zeigen. Im Grunde genommen nutzt der Code unsere Wünsche und schafft eine traumhafte Mythenblase.

Mit der Zeit wird der Mythos, den der Code suggeriert, in die Marke integriert. Systeme sind verkürzte Erzählungen, die emotional weitaus überzeugender sind als das Produkt selbst. Einer der bekanntesten Codes der französischen Luxusmarke Herm ist beispielsweise das von einem Pferd gemalte Logo der Duc-Kutsche. Das Unternehmen wurde in den 1800er Jahren von Thierry Hermes in Paris als Werkstatt für Pferdegeschirr für die europäischen Aristokraten gegründet. Hermes hat die feinsten geschmiedeten Geschirre und Zügel für die Transportindustrie hergestellt. Ma war also wirklich ein Markenkunde. Zwei Jahrhunderte später steht der Code immer noch für das Engagement von Hermes für traditionelle europäische Handwerkskunst und seltenen, aber bescheidenen Luxus.

Im Allgemeinen gilt: Je reichhaltiger das Erbe und je tiefer das Archiv, desto leistungsfähiger und beständiger ist der Code. Wenn Sie sich eine reife Marke ansehen, fragen Sie sich: Woran haben die Gründer in ihren Geschäftsvorschlägen grundsätzlich geglaubt? Wie beziehen sich diese Grundsätze auf den Kontext, in dem das Unternehmen eingesetzt wird (d. h.

Zeit/Standort/andere Variablen), und wie bleibt der Code durch Veränderungen in Zeit, Kultur und Umfeld relevant?

Aber auch junge Unternehmen und Start-ups haben das Erbe. Bei neuen Unternehmen ist der Kontext oft in der Kultur zu finden. Amazon.com hat zum Beispiel Zugänglichkeit, Wert, Unternehmenswert und Bequemlichkeit.

PRÄZISE UND SPEZIFISCH

Ein robuster Code ist nie in der allgemeinen Beschreibung zu finden, wohl aber in einer genauen und konkreten Erklärung. Zum Beispiel ist UPS mit der Marke Pullman Brown gekennzeichnet, nicht mit braun. 3M-Post-it-Zettel sind nicht gelb. Sie sind kanariengelb. Hermes hat einen unverwechselbaren Farbton von verbranntem Orange. Louis Vuitton hat einen bestimmten Braunton: Altburgunder und Schmutz. Die Farbe von Tiffany ist nicht einfach blau. Sie ist weder marineblau noch himmelblau oder blaugrün. Rotkehlchen-Ei-Blau. Nr. 1837 auf der Pantone Matching System-Karte. Tiffany begann 1845, weniger als zehn Jahre nach der Gründung des Unternehmens, den unverwechselbaren Farbton Robin's Egg Blue auf dem Cover des Blue Book zu verwenden. Das sind fast zwei Jahrhunderte Branding.

Das Gleiche gilt für Logocodes. Starbucks verwendet keine gewöhnlichen alten Meerjungfrauen mit einem Schwanz. Es verwendet eine grün illustrierte Sirene mit zwei Schwänzen, die von einem alten nordischen Holzschnitt inspiriert ist. (Der Name Starbucks stammt von der Figur aus Harman Melvilles berühmtem Roman "Movie Dick". Starbucks war der erste Begleiter von Kapitän Ahabs Schiff, Pecod. Starbucks Global Creative Studios, das prominenteste Symbol unserer Marke ist die Beziehung zwischen Starbucks und Kaffee: Erstens wurde das Unternehmen in Seattle, in der Nähe des Puget Sound, gegründet und hat eine starke Verbindung zum Wasser, und zweitens stammen die Kaffeebohnen aus Äthiopien. Sie werden über weite Strecken von exotischen und weit entfernten Orten wie Kenia und Kolumbien in großen Containerschiffen angeliefert. Mythen zufolge werden Meerjungfrauen auch an exotischen Orten geboren, reisen über den offenen Ozean und drittens lockte der griechische Gott In, Starbucks auf die gleiche Weise wie die Sirene die Seefahrer in die Tiefe. Sirene konkrete Darstellung der ist etwas zu erinnern, wenn Sie über Starbucks denken.

BESITZBAR

Die sinnvolle und robuste Besonderheit des Codes ist der Grund dafür, dass viele Unternehmen und Institutionen sich gegen Rechtsverletzungen schützen, ihre Marken rechtlich registrieren lassen und eifrig diejenigen verfolgen, die versuchen, sie zu ihrem eigenen Vorteil zu stehlen. Damit sind wir bei der nächsten Funktion eines robusten Codes: dem Eigentum.

Trotz der Grenzen des geistigen Eigentums kann ein robuster Code nicht einfach von anderen vervielfältigt werden. Und selbst wenn er vervielfältigt wird, ist er immer noch eng mit dem ursprünglichen Markeninhaber verbunden. Stellen Sie sich ein grafisches Mausohr vor, das von Walt Disney verwendet wird, ein von Neuschwanstein inspiriertes Schloss oder einen Anthora-Kaffeebecher für zwei Personen, der von einem griechischen Restaurant verwendet wird. Eine Schriftart, die griechischen Buchstaben ähnelt und ein blau-weißes Farbschema hat, das von der griechischen Flagge inspiriert ist. Denken Sie an einen Ring auf dem Deckel des holländischen Ofens von Le Creuset. In all diesen Fällen sind die Hausregeln tiefgreifend, z. B. mit einer Maus, einem Schloss, einem Kaffeebecher aus Papier oder einem emaillierten gusseisernen Topf und typischen gewebten Lederstühlen von Bottega Veneta oder geformten Kunststoffstühlen von Charles und Ray Eames und für immer mit der Marke verbunden, die sie ursprünglich auf die Karte gesetzt hat.

Der Code ist sehr eng mit der Marke verknüpft. Wenn er also aus dem Zusammenhang gerissen oder von anderen Marken verwendet wird, ist die Verbindung zur ursprünglichen Marke sicher und wird vom ursprünglichen Eigentümer streng geschützt. Disney-Mausohren sind mehr als Mickey. Sie vermitteln spielerische und skurrile Empfindungen, Kindheitsträume, Unschuld und Charme. Im Jahr 2014 verklagte das Unternehmen einen berühmten DJ, der bei Live-Shows auf der ganzen Welt einen Mausohr-Helm trug. Laut Disney verwendet der DJ Joel Zimmerman, bekannt als Deadmau5, ein Logo, das den Ohren einer Disney-Maus ähnelt, doch die Verwendung des Zimmerman-Symbols ist genau das Gegenteil der Geschichte, die Disney erzählen möchte. Der Fall wurde 2015 beigelegt, und die DJs verwenden große Mausohren als Teil der Marke.

BEWÄHRTES

Robuster Code hat sich weiterentwickelt und wird, wie bereits erwähnt, im Allgemeinen nicht als Code betrachtet. Die robustesten Systeme entwickeln sich im Laufe der Zeit weiter und werden nur selten geändert. Wenn sie sich ändern, dann sind die Änderungen konservativ und schrittweise. Die klassische Tweedjacke von Chanel war ursprünglich kein Markencode, aber sie hat sich zweifellos zu einem Markencode entwickelt und ist nach wie vor ein zuverlässiges Erkennungszeichen für die Marke. Der Stoff selbst wurde 1924 von Coco Chanel in Auftrag gegeben und war inspiriert von der Sportausrüstung, die ihr damaliger stattlicher Herzog von Westminster trug. Chanel war für die Herstellung des ersten Tweeds in einer schottischen Fabrik verantwortlich und produzierte eine Vielzahl von Sportbekleidung, darunter Anzüge und Mäntel. Aber erst 1954 wurde Tweed wirklich einzigartig, als sie es für die heutige Chanel-Jacke verwendete.

Die Mode behauptet, dass nichts ikonischer ist als diese klassische Jacke mit gewebten, echten Knopflöchern und einer kleinen Metallkette, die an der Innenseite des Unterteils angenäht ist, damit sie richtig am Körper sitzt. Obwohl das

Jackendesign mit der Zeit Schritt gehalten hat, was frische Farben und leicht veränderte Schnitte angeht, bleibt die Grundsilhouette nahe genug an der ursprünglichen Form von 1954, um leicht erkennbar zu sein. Sie war schon damals ein beeindruckendes Beispiel für schicke Modernität und Schlichtheit und ist es auch heute noch. Selbst in den überbesetzten 1980er Jahren war sie ein Grundnahrungsmittel in den Schränken der Fashionistas. Klassische Chanel-Tweedjacken finden Sie immer auf der E-Commerce-Website von Chanel. Anzüge sind auf dem Sekundärmarkt nach wie vor überteuert. Das grundlegende Design und die Konstruktion des Mantels haben sich seit seiner Entstehung nicht wesentlich verändert. Die Jacke sendet eine starke Botschaft aus. Die Person, die ihn trägt, ist reich, angemessen, hat einen guten Geschmack und versteht etwas von Qualität. Es gibt viel über eine Jacke zu sagen. Die Kraft des Kabels und der Stil sind mit ein Grund, warum diese Jacke von unzähligen anderen Marken und Herstellern verdrängt wurde.

Ein bewährter Kodex ist mehr als nur eine Modeerscheinung. Alteingesessene Lebensmittelunternehmen nutzen die Stärke ihrer Standards. Es wurde bereits Jolly Green Giant Hohoho erwähnt. Gesänge und Jingles werden seit langem mit gefrorenen Erbsen und Gemüse in Verbindung gebracht. Der

Riese Ho-ho-ho hat sich seit seiner Einführung im Jahr 1925 nicht verändert, aber die Riesen selbst wurden seither subtil modernisiert. Er wurde größer, sah besser aus und wurde umweltfreundlicher. Trotz der Verbesserungen wurde er sofort als das Maskottchen des Unternehmens erkannt und fordert diese Kategorie weiterhin als großer und heller Gemüsecode heraus. Selbst wenn sie sich für eine andere Marke entscheiden, bleibt der Jolly Green Giant vielen Käufern im Tiefkühlregal für immer im Gedächtnis haften.

EINSCHLÄGIGE

Robuste Codes sind mit anderen Aspekten der Marke verbunden. Sie wurden nicht unabhängig voneinander entwickelt, sondern wirken authentisch und zuverlässig. Tiffany Blue zum Beispiel, eine Kombination aus Blau und Grün, vermittelt ein frisches und beruhigendes Gefühl. Und es ist zeitlos und nie fehl am Platz. Die Farbe wird mit Ruhe, Frieden, Wohlstand und Weiblichkeit assoziiert. All dies lässt sich nahtlos mit den wichtigsten Produkten des Unternehmens verbinden, darunter Schmuck und besonders exquisit gestaltete Haushaltsgegenstände wie Diamanten, Edelmetalle, Kristalle und Keramik.

Tiffany hat ein tiefgreifendes Erbe aufzubauen, aber es ist immer noch irgendwie modern und relevant. Der Markenkodex sollte nicht wie ein museales Kunstwerk behandelt werden. Sie müssen sogar nützlich und anwendbar sein. Marketingexperten müssen sich die Zeit nehmen, um zu verstehen, welche Aspekte des Markenerbes tatsächlich noch sehr relevant sind und welche Zeichen einfach nur historisch interessant sind. Wie bereits erwähnt, reifte die Marke Louis Vuitton beispielsweise während des Aufkommens der Dampfschifffahrt, der ersten bedeutenden Welle des internationalen Reisens. Der französische Gepäckhersteller Vuitton führte Mitte des 19. Jahrhunderts einen Koffer mit flachem Boden (stapelbar), aus Segeltuch (relativ leicht) und luftdicht (überflutungssicher) ein.

Die Segeltuchstoffe von Louis Vuitton waren praktisch und leicht, die meisten von ihnen waren perfekt für die moderne Dampfschifffahrt. LV war schon immer ein Luxusgut und wurde lange Zeit von den Reichen bevorzugt. Für Luxusreisende ist sie auch heute noch relevant. Da jedoch Reisen rund um die Welt immer begehrenswerter, aufregender und für mehr Menschen zugänglich werden, hat Louis Vuitton seine Basis erfolgreich erweitert und ist eine ehrgeizige Marke für mehr als nur einen steinreichen Jetsetter. und Voyagez Pop-ups, die abenteuerlich sind, um starke, moderne und konsistente Botschaften zu senden, die zum Reisen führen. [Marke] von 1854 bis heute.

WENN GUTE CODES SCHLECHT WERDEN

Die Marke Betty Crocker hätte gelitten, wenn sie sich weiterhin auf die Klischees von hochgradig häuslichen weißen amerikanischen Frauen mittleren Alters verlassen hätte. Dies ist der falsche Code des 21. Jahrhunderts. Eine der größten Katastrophen bei der Gesamtkodierung ist die der Geschäfte. Vor allem Kaufhäuser von Macys bis Dillard haben jahrzehntelang an demselben traditionellen, uninspirierten Ansatz für das Ladendesign festgehalten. Natürlich wirken sie veraltet, homogen und langweilig. Vor allem das Fehlen eines zugehörigen Codes löscht die emotionale Bindung, die die Verbraucher einst empfanden, und ist ein weiterer Grund, warum viele traditionelle Einzelhändler sich nach Luft sehnen und Claire, Bonton, Sportbehörden, 4, Spielzeug usw. Konkurs angemeldet haben.

Einzelhändler sind nicht irrelevant. Das ist es nicht. Ältere Marken wie Louis Vuitton und Gucci haben einen Weg gefunden, um relevant zu bleiben. ABC Carpet & Home, eines der beliebtesten Geschäfte in New York, schafft ein Theatergefühl für Häuser und Dekorationen in einer dramatischen Atmosphäre. Das Innere des Flagship-Stores gleicht einer charmanten Boutiquenstraße, in der man nach Veranstaltungen suchen kann. Das Pariser Einzelhandelsgeschäft Le Bon March (eines der beliebtesten Geschäfte) behält sein ikonisches Rolltreppendesign und das beeindruckende kulinarische Schaufenster La GrandeÉpiceriede Paris, aber sein alter Code Illuminierende, architektonisch inspirierende Räume finden immer wieder neue Wege, sich in einzigartige und kreative Einkaufsmomente zu verwandeln. Le Bon Marché gilt als das erste Kaufhaus der Welt, das 1852 von dem französischen Unternehmer und Einzelhändler Aristide Bousseau und seiner Frau Marguerite in Paris eröffnet wurde. Sie wollten ein neuartiges Geschäft eröffnen, das alle Sinne anregt. Der gewaltige Bau des Pariser Unternehmens wurde von dem Architekten Louis-Charles Boileau und dem Ingenieur Gustave Eiffel (ja, der Eiffel) entworfen. Boucicaut ist auch nach heutigen Maßstäben innovativ, spricht mit den Kunden und entwickelt viele sinnliche Erlebnisse, die das Unternehmen zu einem Erfolg gemacht haben. Unterschiedliche Preise und Unterhaltung für Kinder. Saisonale Verkäufe, darunter ein Versandkatalog (der erste weltweit) und der Verkauf von weißer Bettwäsche, der nach Weihnachten stattfindet, wenn die Besucherzahlen zurückgegangen sind. Das Geschäft überrascht

Einheimische und Touristen immer wieder mit zauberhaften Auslagen, sorgfältig zusammengestellten Abteilungen, prächtiger Architektur und Möbeln.

Es gibt Wege, wie der Einzelhandel erfolgreich sein kann. Menschen haben immer das Bedürfnis zu fühlen, zu berühren und zu schnuppern, und der Einzelhandel bietet einen Ort, an dem sie dies tun können. Der Einzelhandel ist ein Ort, an dem Produkte und Experten (Verkäufer) die Sinne der Kunden mit Einzigartigem, Überraschendem und Nützlichem ansprechen können. Das ist es, wonach der Einzelhandel streben sollte.

MINING FÜR CODES

Der Code ergibt sich aus Äußerungen und Handlungen, die sich im Laufe der Zeit als konsistent, authentisch und emotional hartnäckig erwiesen haben. Unabhängig davon, ob Ihr Unternehmen 100 Jahre alt oder fünf Jahre alt ist, besteht der erste Schritt für jeden, der versucht, den Code zu entschlüsseln, darin, ein so genanntes Marken-Audit durchzuführen. Tauchen Sie in das Archiv ein. Je tiefer Ihr Erbe ist, desto mehr Arbeit haben Sie natürlich zu leisten. Für etablierte Unternehmen kann es eine bemerkenswerte Erfahrung sein, einen Blick in die Akten zu werfen, wie es Modehäuser oft tun. Dabei geht es nicht nur darum, wie Ihr Produkt in der Vergangenheit hergestellt und verkauft wurde, sondern auch darum, warum es hergestellt und verkauft wurde, wie sein Ausdruck von der Zeit beeinflusst wurde, und vor allem darum, wie es sich im Laufe der Geschichte entwickelt hat. Wer ist der Gründer? Wie wurde er oder sie von der Zeit beeinflusst? Welche anderen Kräfte wirkten? Wie hat sich Ihre Marke in einem sich wandelnden Kontext und mit wechselnden Auswirkungen entwickelt? Was war der prägende Moment der Marke? Von nun an können Sie das Muster erkennen. Sie können sehen, welche Ausdrucksformen der Marke weiterhin auf Resonanz stoßen, welche Emotionen nicht auf Resonanz stoßen und wie die Führung des Unternehmens, die Kultur und der Markt auf verschiedene Hinweise im Prozess reagiert haben.

Das Archiv kann Muster oder Bilder des Produktdesigns enthalten (vorzugsweise in chronologischer Reihenfolge, damit die Prüfer sehen können, wie sich das Modell entwickelt hat). Sie müssen jedoch auch andere sichtbare Elemente, wie Logos, Mottos, Werbung und Ladenpläne, enthalten. Der nächste Schritt ist das, was ich als Musterung bezeichne. Welche Komponenten überschneiden oder verbinden die historischen

Kapitel der verschiedenen Produkte, Segmente und Geschäftsbereiche? Wie ist jedes dieser sichtbaren Elemente im Vergleich zu den vier starken Code-Kriterien (zeitlich erprobt, genau und spezifisch, proprietär und relevant) angeordnet? Wie wirken die einzelnen Codes zusammen? Einige können wesentliche Werte und Ideen verstärken. Andere können sie unterminieren.

TESTEN DER STÄRKE EINES MARKEN-CODES

Wenn Sie ein Marken-Audit durchgeführt und klare Muster, Symbole und mögliche Codes identifiziert haben, wie können Sie dann die Stärke des potenziellen Codes testen? Eine Möglichkeit besteht darin, Ihren Markennamen, Ihr Logo oder alle Hinweise auf ein bestimmtes Produkt auszublenden und so die Werbe- und Marketingkampagnen Ihrer Marke für unbeteiligte oder unvoreingenommene Personen sichtbar zu machen. Prüfen Sie anhand der angezeigten Elemente (z. B. Farbpalette, Materialauswahl, Schriftart, Stimme/Ton/Ton und sogar Standort), ob sie Ihr Unternehmen identifizieren können. Dies ist der ultimative Lackmustest für starke Marken, die auf einem klaren, konsistenten und geschützten Code basieren.

Selbst wenn Ihr Unternehmen über einen soliden und erkennbaren Code und eine starke Marktposition verfügt, sollten Sie nicht vergessen, dass der Markt dynamisch ist und die Kunden ständig neue Entscheidungen treffen. Treue Kunden können wegbleiben und mit der Zeit neue Kunden anziehen, damit das Unternehmen nachhaltig ist, wächst und relevant bleibt. Der Spagat zwischen langjähriger Kundenzufriedenheit und der Gewinnung neuer Kunden, die möglicherweise andere Erwartungen haben als bestehende Kunden, ist ein Problem für alle Unternehmen. Im nächsten Kapitel befassen wir uns mit dieser und anderen alltäglichen Herausforderungen und den ästhetischen Lösungen, mit denen sie zu bewältigen sind.

KAPITEL 4

LANGLEBIGES DESIGN

> ### ÄSTHETISCHE ANSÄTZE FÜR ALLGEMEINE ANLIEGEN

Kein Unternehmen steht vor dem gleichen Problem, aber die Hindernisse für Wachstum und Rentabilität sind in der Regel erkennbar. Und viele von ihnen lassen sich am besten durch eine so genannte ästhetische Lösung angehen. Nur 60 der 1955 Fortune-500-Unternehmen blieben 2018 auf der Liste. Warum sind nur wenige Unternehmen in der Lage, erfolgreich zu bleiben? Kurz gesagt, die Mehrheit der Unternehmen spielt Spiele, die sie nicht gewinnen kann. Wie Yahoo! kann das Ziel Wal-Mart nicht in Wal-Mart-Spielen schlagen. Google Spiele konnte Google nicht besiegen. Im Gegensatz zu Yahoo! hält Target jedoch einen relativ stabilen Zustand aufrecht, indem es seine eigenen Spiele spielt.

Die Lösungen für klassische unternehmerische Herausforderungen finden sich in der Regel nicht in Fallstudien von Wirtschaftsschulen oder in Bestsellern von Wirtschaftsbüchern. Sie haben ein tiefes Verständnis dafür, was ihre Kunden fühlen und was ihnen gefällt, und nicht dafür, was sie kaufen oder wo sie einkaufen, und sie haben die Vision, Freude als Mensch und nicht als Käufer zu fördern. Verstehen. Laut Clayton Christensen, einem Professor für Wirtschaft an der Harvard Business School und einem der weltweit führenden Experten für Innovation und Wachstum, wollen wir, wenn wir etwas kaufen, es einstellen und arbeiten. Helfen (wenn es etwas findet), suchen wir sexy nach einer Verabredung oder legen unseren Kindern etwas Leckeres und Gesundes in die Lunchbox).

Wenn das Produkt funktioniert, stellen Sie es erneut ein (d. h. kaufen Sie es erneut). Wenn es scheitert, bringen Sie es auf den Markt. Wir kaufen Dinge, weil sie unseren Bemühungen zum Erfolg verhelfen wollen, egal wie mittelmäßig und großartig sie sind. Mit anderen Worten: Menschen kaufen Dinge, keine Maschinen. Menschen sind emotional und treffen ihre Entscheidungen in erster Linie danach, wie sie sich nach dem Kauf fühlen. Je besser sie sich fühlen, desto aggressiver und loyaler sind sie gegenüber ihren Produkten und Marken.

Christensen sagt, dass Unternehmen dies übersehen (und versagen) können und Produkt- und Marketingentscheidungen auf der Grundlage von Attributen des Käufers (Status, Alter, Beruf, Geschlecht) treffen, die in einem falschen Zusammenhang mit seiner Kaufentscheidung stehen.

Unabhängig davon, in welchem Geschäft Sie tätig sind, rate ich Ihnen, wie alle Geschäftsleute, Ihre Werte, Ihren Charakter, Ihren Stil und sogar Ihre Gewohnheiten so weit wie möglich in die Gleichungen einzubeziehen. Warum kaufen Sie? Welche Art von Gefühl wollen Sie mit Ihrem Kauf hervorrufen? Warum und wie bevorzugen Sie bestimmte Produkte und Marken, um dieses Gefühl zu erreichen? Was ist falsch an dem, was Sie scheitern lässt? Ihre persönliche Meinung ist wichtig für Ihr Unternehmen. Schließlich sind Sie auch ein Verbraucher und Ihr eigener Experte. Sie selbst zu sein und sich selbst in den Prozess einzubringen, ist Ihr größtes Unterscheidungsmerkmal, und auf menschlicher Ebene sind Ihre Kunden am ansprechbarsten. Gestalten und verbessern Sie die Stimme und den Wert Ihres Unternehmens, einschließlich Ihrer persönlichen Überzeugungen und Vorlieben.

Wenn Sie sich selbst an den Tisch setzen, können Sie sich besser in Ihre Kunden hineinversetzen. Verständnis ist ein wichtiger

Aspekt der kontinuierlichen Verbesserung von Ästhetik und Geschäft. Ein klares Beispiel für mangelndes Einfühlungsvermögen ist die Einführung und das schnelle Verschwinden von Google Glass. Google Glass ist nicht gescheitert oder von den Verbrauchern gefeuert worden, weil zu wenig in technische Forschung und Entwicklung, Marketing oder Kommunikation investiert wurde. Es scheiterte daran, wie sein grundlegendes Design den Träger fühlen lässt (unangenehm und unangenehm). Ich wollte keine Menschen sehen, die eine Brille tragen. Google hat die Aufgabe nicht erfüllt.

DIE KOMMERZIALISIERUNGSFALLE

Wenn Ihnen der Verkauf eines Produkts generell kompliziert erscheint, versuchen Sie, das Produkt zu verkaufen. Ihr einziger Vorteil könnte der relativ niedrige Preis sein, und dieser Vorteil wird mit der Zeit zwangsläufig abnehmen. Einige Unternehmen haben jedoch die scheinbar unlösbare Herausforderung, einfache, undifferenzierte, austauschbare Produkte zu verkaufen, zu etwas Einzigartigem gemacht, indem sie völlig neue und aufregende menschliche Erfahrungen auf der Grundlage von Ergebnissen entwickelt haben. Wir haben dies erfolgreich in ein differenziertes und nachhaltiges Wertversprechen umgewandelt. Wir nennen diese Strategie eine Starbucks-Lösung, um den Schwerpunkt von Produkten mit geringem Wert auf Produkte mit hohem Wert zu verlagern. Ganz gleich, ob sie Kaffee, Soja oder Zement verkaufen, solche Unternehmen schaffen ein einzigartiges und aufregendes Erlebnis und weben durch ästhetische Strategien eine reichhaltige Geschichte über das Produkt, um Begeisterung, Verlangen und Loyalität zu entwickeln. Sie haben die Möglichkeit, Ihr gesamtes Unternehmen zu verändern.

Im Gegensatz zu den traditionellen Coffeeshops legte Starbucks bei der Gestaltung der Innenräume den Schwerpunkt auf Komfort statt auf Effizienz, baute Serveraristoren und erinnerte uns an europäisches Know-how und Handwerkskunst. Es geht hier nicht darum, ob Starbucks heute differenziert und relevant ist. Er behauptet, dass sich sein Geschäft nicht weiterentwickelt hat, sondern dass man von seinen ersten Durchbrüchen und den Jahren des Erfolgs lernen kann. In den 1990er und Anfang der 2000er Jahre war Starbucks als hoch differenziertes und innovatives Produkt anerkannt. (Das Gleiche gilt für McDonald's in den 1960er und 70er Jahren.)

DIE RUT DER ZWEITPLATZIERTEN

Wenn das Unternehmen den zweiten Platz belegt, konkurriert es mit hervorragenden Akteuren, die über weitaus umfangreichere Ressourcen und Fähigkeiten verfügen. Solche Unternehmen haben sich Unternehmen angeschlossen oder haben sich Unternehmen angeschlossen, die über etablierte Praktiken und Traditionen, Verkaufs- und Marketingtechniken und einen guten Ruf für bekannte Unternehmen verfügen. Die Hürde besteht darin, den wertschätzenden Zweck so in Ihr Unternehmen zu integrieren, dass sich Ihre Marke von den Branchenführern abhebt und völlig neue Kundengruppen anzieht. Southwest Airlines zum Beispiel hat mit seinem eigenen Designthema (nur eine Maschine ohne Herz), der Einbeziehung warmer Farben (Canyon Blue und Sunflower Yellow) und früheren Slogans den Nagel auf den Kopf getroffen und ist gleichzeitig clever. Ein typisches Beispiel für den Einzelhandel ist natürlich Target vs. Walmart. Target konnte nicht mit Wal-Mart konkurrieren, vor allem nicht in Bezug auf die täglichen Niedrigpreise, aber seine Billig- und Schick-Strategie hat effektiv eine starke Position auf dem Markt aufgebaut. Designer-Partnerschaften; clevere und einprägsame Werbung. Bieten Sie eine Gemeinschaft.

Der Excellence-Funken Clinique ist ein zusätzliches Symbol für ein Unternehmen, das seine eigene starke Position aufgebaut hat und den Wettbewerb mit den Marktführern vermeidet. Clinique wurde 1968 von den Est Lauder Companies auf den Markt gebracht und war als Gegenstück zu Est Lauder konzipiert, einer der etabliertesten und beliebtesten Schwestermarken in den amerikanischen Kaufhäusern jener Zeit. Obwohl die beiden Marken zur selben Muttergesellschaft gehörten, waren sie sehr wettbewerbsfähig und verkauften ähnliche Produkte an denselben Käufer in demselben Geschäft. Aber in Bezug auf die Ästhetik konnten sie sich nicht mehr unterscheiden. Estrada setzte auf die Eleganz der Alten Welt und zeigte klassisch schöne Modelle in glamourösen Umgebungen. Clinique, das die technischen Vorteile betonte, hatte das Modell nie in der Werbung eingesetzt. Sein Produkt selbst war ein Star. Als solcher wurde es vom legendären Fotografen Irving Pen sorgfältig in Szene gesetzt, kunstvoll fotografiert und erschien in einer eleganten und einprägsamen Kampagne. Sogar der Name, der an ein französisches Krankenhaus erinnerte, wurde von Ihnen ernst genommen.

Das Konzept von Clinique wurde von Carol Phillips, der Schönheitsredakteurin der Vogue, entwickelt, die an einen wissenschaftlicheren dreistufigen Ansatz bei der Hautpflege glaubt. Während von der Schönheitsberaterin bei Lauder Eleganz und Stil erwartet wurden, trug die Beraterin von Clinique einen Laborkittel und verfolgte bei der Kundenschulung einen heilenden Ansatz. Clinique hat auch abakusähnliche Geräte für die Theken gebaut. Die Kunden konnten ihren Peel-Typ diagnostizieren: ölig, trocken, empfindlich oder fettig. Während der Lauder-Funke auf seinen starken Duftstoffen beruhte, wurden alle Clinique-Produkte als allergiegetestet und parfümfrei gehandelt.

DAS GEWICHT DER GESCHICHTE

Im Allgemeinen ist ein tiefes Erbe ein wertvolles Gut für Unternehmen, aber einige Unternehmen sind in die Vergangenheit eingetaucht und verlieren jegliche Relevanz für die Gegenwart. Die Herausforderung für solche Unternehmen besteht darin, eine Ästhetik zu integrieren, die den Glanz und die Anziehungskraft der Marke wiederbelebt und gleichzeitig die einflussreichsten historischen Codes verwendet. Sears und Strobe Breweries Company sind Beispiele für gescheiterte alte Marken. Gucci, Harley Davidson und Hennessy hingegen florierten in vielen aufeinander folgenden Inkarnationen.

Der Sanierungsplan von Sears hat nichts mit Ästhetik, unvollkommenem Einzelhandel, Umstrukturierung und Immobilienverwaltung zu tun und führt zu erheblichen Fehlkalkulationen bei der Bewältigung seiner Kernprobleme. Anfang Oktober 2018 bereitete Sears den Konkurs vor. Das Problem im Fall Sears ist, dass es sich um einen schlechten Einzelhändler handelt, sagt Neil Saunders, General Manager von Global Data Retail. Offen gesagt, hat das Unternehmen in allen Bereichen des Einzelhandels versagt, vom Einzelhandel über den Service bis hin zu den Waren und den grundlegenden Geschäftsstandards.

Das Management von Sears hat das menschliche Element des Geschäfts übersehen, indem es Läden schloss und Immobilien versteigerte, um die Kosten zu senken, den Cashflow zu erhöhen und Gewinne zu erzielen. Wäre das Problem von Sears einfach eine zu hohe Inflation gewesen, hätte die Strategie vielleicht Sinn gemacht. Aber zu viele Filialen zu haben, ist nicht der Grund, warum Sears darunter litt. Der Filialumsatz ging im vierten Quartal 2017 von 6,1 Milliarden Dollar im vierten Quartal 2016 auf 4,4 Milliarden Dollar zurück. Das Unternehmen selbst glaubt, dass die Hälfte dieser Verluste auf weniger Platz zurückzuführen ist. Der restliche Verlust resultiert aus einem Umsatzrückgang von 18 % im gleichen Geschäft. 11

Sears verkauft weiterhin sein Inventar und ist auf der Suche nach Käufern von verschiedenen Marken, die IV Tropfen ein wenig länger, die das Geschäft wieder zu beleben kann.

Die Wahrheit ist, dass Sears von den Verbrauchern unabhängig geworden ist. Um diesen Punkt zu unterstreichen, ergab eine 2016 durchgeführte Umfrage unter Käuferinnen von Damenbekleidung, dass sie lieber im Good Will Store als bei Sears einkaufen. Und die Menschen kaufen bei Amazon ein, weil es ihren Bedürfnissen nach Bequemlichkeit, Zugänglichkeit, Benutzerfreundlichkeit und Transparenz entspricht. Amazon ist die einzige Version des dicken Sears-Katalogs des 21. Jahrhunderts, den Familien früher per Post erhielten und der nur rund um die Uhr verfügbar ist. Wie das heutige Amazon decken die Sears-Kataloge alles ab, von Gartenstoffen über Fertighäuser bis hin zu Berühmtheiten wie Lauren Bacall, Susan Hayward, Jean Autry und der legendären Baseball-Legende Ted Williams. Die Produkte. Obwohl das Produktsortiment von Sears seit seiner Blütezeit deutlich zurückgegangen ist, stößt Amazon immer noch an die Grenzen dessen, was verkauft werden kann. Das Lagersystem und die Zusammenarbeit zwischen Mensch und Robotertechnologie können eine Vielzahl von Artikeln lagern und versenden. Die Partnerschaft mit dem Hersteller bedeutet, dass es nicht mehr viele andere Artikel gibt, die zum Verkauf angeboten werden können. Im Fall von Sears ist es nicht gelungen, ästhetische Intelligenz durch Finanztechnik zu ersetzen.

KEIN PLATZ ZUM HERUMSTREIFEN

Wie sieht der künstlerische Prozess aus, um trotz des Wettbewerbsdrucks und des Lärms auf dem Markt einen neuen, gebundenen und loyalen Kundenstamm aufzubauen? Die Herausforderung für die meisten Neugründungen, insbesondere im Bereich der kleinen Konsumgüter, besteht darin, sich in zunehmend überfüllten, wettbewerbsintensiven und reifen Branchen zu behaupten. Einige neue Unternehmen, wie der Brillenhersteller Warby Parker und die Bekleidungsmarke Eberlane, haben es jedoch geschafft, das Chaos zu überwinden.

Zum Zeitpunkt der Erstellung dieses Artikels wird Warby Parker mit rund 1 Milliarde Dollar bewertet. Das Unternehmen ist heute bekannt, aber vier Studenten der Business School fragten sich, warum Brillen und kleine Plastikteile so teuer waren. Die Beantwortung dieser Frage hat sie dazu inspiriert, Modebrillen zu einem viel niedrigeren Preis zu verkaufen. Luxottica, dasselbe Unternehmen, dem der führende Brillenglashersteller gehört, besitzt auch Pearle Vision, Ray-Ban und Oakley und vergibt Lizenzen für alle verschreibungspflichtigen Brillengestelle und Sonnenbrillen für Chanel und Prada und viele andere Marken. Name Brille. Der Gründer von Warby Parker war der Meinung, dass die Verbraucher durch die Umgehung von Einzelhändlern und deren Zwischenhändlern den 300 %igen Aufschlag sparen könnten, der beim Verkauf von Getränken in Geschäften anfällt.

Wer eine Designerbrille wie Chanel kaufen möchte, zahlt Luxottica Lizenzgebühren an die Marke und erhöht die Einzelhandelspreise um einen zusätzlichen Aufschlag. Die Beliebtheit von Markenbrillen hat dem Gründer von Warby Parker gute Tipps für den Erfolg im Brillengeschäft gegeben. Man muss auf die Wünsche der Kunden eingehen, um ein hohes Erlebnisniveau beim Brillenkauf zu erreichen. Wie kaufen die Kunden Getränke? In erster Linie prüfen sie, ob sie gut zu ihrem Gesicht passen. Wir sind also die ersten Mitbegründer von

Modemarken", so Neil Blumental gegenüber Forbes. Die Brillen sind modisch und machen Spaß, und das Kauferlebnis ist unglaublich. Bestellen Sie 5 Brillengestelle, und sie werden Ihnen kostenlos zugeschickt. Dann probieren Sie sie an, fragen Ihre Freunde, wie sie aussehen, wählen eine aus und schicken sie mit Ihrem Rezept zurück. Ein paar Tage später erhalten Sie eine neue Brille für einen Bruchteil des Einzelhandelspreises. Und während der Preis sicherlich die lästige Frage anspricht, die sich jeder Brillenträger oft stellt (warum ist dieser Plastikklumpen so teuer?), hat er Warby Parker in ein eigenes Segment gebracht. Diese Marken schaffen auf geschickte Weise Momente des Kundenerlebnisses, die sich von den traditionellen Wertversprechen für Akteure in stark umkämpften Bereichen unterscheiden. Ihr Engagement geht weit über das Design, die Funktionen und Möglichkeiten verkaufsfähiger Produkte hinaus. Es basiert auf Erfahrungen, die ein Gefühl von Gemeinschaft, Neugier und Käuferbeziehungen fördern.

EIN INDUSTRIELLES DILEMMA

Diese Reihe von Herausforderungen betrifft Unternehmen mit Industrieprodukten, die wegen ihres Nutzens hergestellt und verkauft werden. Die Menschen, die solche Waren kaufen, wollen vor allem, dass sie praktisch und langlebig sind, denn der

Austausch solcher Waren ist teuer. Die meisten von uns müssen ihre SUVs nicht jedes Jahr ersetzen. Man muss auch nicht alle sechs Monate einen neuen Ofen einbauen oder das Wohnzimmer im 60-Tage-Rhythmus streichen. Einige Unternehmen wie Dyson (Staubsauger), Viking (Herd), Yeti (Kühlbox), Harrys (Rasierapparat), Benjamin Moore (Farbe) und Porcelanosa (Bodenfliesen) sind aufgefordert, ästhetische Modelle zu verwenden. Die Schaffung von Marken, die geschätzt werden, ist viel besser als die Eigenschaften des Produkts.

Da die Ästhetik der Nutzung für Dyson so wichtig ist, haben wir vor kurzem angekündigt, dass wir keine steckerfertigen Staubsauger mehr entwickeln, sondern unsere innovativen Bemühungen auf die Vielseitigkeit und Funktionalität von kabellosen Geräten und Robotern konzentrieren werden. Viele von uns kennen es, dass sich das Staubsaugerkabel um die Tischbeine wickelt, in den Mund des Staubsaugers gesaugt wird und darüber stolpert. Das ist lästig. Das hält viele Menschen, die ich kenne, sogar davon ab, den Staubsauger aus dem Schrank zu holen, es sei denn, dies ist für ihr Wohlbefinden unerlässlich. Schnurlose Staubsauger und Staubsaugerroboter in Kombination mit der leistungsstarken Saugtechnologie von Dyson (die erste Funktion, die verkauft wurde, ein Staubsauger, der keine Saugkraft verliert), haben von Reinigungskräften und

Hausbesitzern überall profitiert. Das Unternehmen ist wirklich zu unserer Rettung gekommen und will eine einfache und schnelle Reinigung und Wartung. Dies ist der Inbegriff von Einfühlungsvermögen bei der Entwicklung eines Produkts. Nicht weil es für Dyson einfach ist, sondern weil es für die Kunden einfach ist und Spaß macht, zu reinigen.

Das Schöne an Yeti ist die Fähigkeit, gewöhnliche Camping-, Jagd- und Angelzubehör-Kühlboxen zu einem echten Wunsch zu machen. Das Produkt ist so effektiv (hungrige Grizzlybären brechen nicht in die Kühlboxen ein, wenn sie geschlossen sind), und die Kunden rühmen das Unternehmen. Sie machen Marketing für uns. Aber bei Yeti geht es nicht wirklich um Kühlboxen. Es geht um den Schutz der Natur und der Natur. Um Sportlichkeit und Wildnis. Die Marke wurde von Ryan und Roy Ciders gegründet, die ein Unternehmen für Angelruten gründen wollten. Sie wurde zunächst an ernsthafte Angler und Jäger verkauft, ein Hobby, dem auch ihre Brüder frönen. Die so genannten Haken- und Kugelmassen nutzen die erfrischendere Funktion fast sofort, um ihren Inhalt zu schützen und ihn viel länger frisch und knackig zu halten als die Konkurrenten der langjährigen Branchenführer wie Coleman und Iglu.

Mit Ersatzteilen hilft das Unternehmen den Verbrauchern auch bei dem Problem, dass viele Käufer anderer Kühlboxen in den Laden geschickt werden, um einen vollständigen Austausch vorzunehmen. Eine 500 Dollar teure Kühlbox ganz entspannt zu ersetzen, weil Teile unbrauchbar geworden sind, scheint für Unternehmen, die stark auf das Vertrauen der Verbraucher angewiesen sind, nicht angemessen zu sein. Die Kühlbox ist so konzipiert, dass zerbrechliche Teile schnell und einfach ausgetauscht werden können. Zu Hause kaut der Hund auf dem [Seilgriff] herum und informiert den Kunden, anstatt eine Ersatzkühlbox zu schicken. Hey, nimm den Schlitzschraubenzieher raus, spring raus, und der wird runterfallen. Ryan schickt eine neue. Aber ist die Fähigkeit, Bier und Fisch stundenlang frisch zu halten, den zehnmal höheren Preis wert (300 bis 1.300 Dollar gegenüber 25 bis 150 Dollar bei konkurrierenden Marken)? Nein, die Fähigkeit der Geschwister, authentische Markengeschichten zu erzählen, wurde für den Erfolg entscheidender als die Unzerstörbarkeit des Produkts. Die Geschichte hat dazu beigetragen, dass sich das Unternehmen in weniger als 20 Jahren zu einem 450-Millionen-Dollar-Unternehmen entwickelt hat.

DIE ETHIK DER ÄSTHETIK

Als Eltern von zwei Teenagern sind wir besorgt über die Versuchung, sie jeden Tag anzugreifen. Eine davon ist das Dampfen. Technologien, die vordergründig dazu gedacht sind, Erwachsenen bei der Raucherentwöhnung zu helfen, sind Produkte und Verhaltensweisen, die sich vor allem für Jugendliche und Heranwachsende zu ihrem eigenen Vergnügen entwickeln. Juul ist das fortschrittlichste Unternehmen in den Bereichen Design, Marketing und Erfahrung. Schon der Name (sprich: Juwel) suggeriert etwas Kostbares und Begehrenswertes, vor allem für junge Menschen. Der Name bezieht sich aber auch auf Joule, die Energiemenge, die benötigt wird, um ein Watt Leistung pro Sekunde zu erzeugen. Produkte wie Apple und Thumb Drive werden in verschiedenen Schmuckfarben angeboten. Schließen Sie es dann wie ein Flash-Laufwerk an einen USB-Anschluss Ihres Computers an und aktivieren Sie es.

Ästhetik kann misslingen. Dies liegt nicht daran, dass ihre Verwendung auf der sensorischen Basisebene keinen Spaß macht oder nicht aufregend ist, sondern daran, dass die Ästhetik absichtlich irreführend oder irreführend ist oder Kunden anlocken soll. Dies ist als Junkfood-Effekt bekannt. Dieses Produkt mag begehrenswert sein und gut schmecken, aber es nährt den Körper nicht und hinterlässt keinen angenehmen Nachgeschmack. Es gibt auch eine starke Behauptung, dass Junk Food seinen Namen nicht ohne Grund trägt. Schlimmer noch als ein Mangel an Nährstoffen ist, dass der ständige Verzehr von Junk Food die Gesundheit beeinträchtigen kann.

Kapitalisten und Unternehmer sollten gleichermaßen ein Gewissen haben. Ästhetik ist mächtig und kann in Bezug auf den Ruf nach hinten losgehen (und kommerziell sein), wenn Ihre Geschäftsstrategie darin besteht, sie auszunutzen. Ein Beispiel dafür ist Juul, ein Unternehmen, das sich mittlerweile teilweise im Besitz des führenden Tabakherstellers Altria befindet. Im Oktober 2018 stürmte die FDA unerwartet ein Büro in San Francisco und beschlagnahmte mehr als 1.000 Dokumente im Zusammenhang mit Marketing, Verkaufsstrategien und Produktdesign, die für Teenager und andere junge Menschen besonders attraktiv sind. Dies geschah, um sicherzustellen, dass die Organisation die Bundesvorschriften für den Verkauf und die Vermarktung von Produkten einhält. Dies ist besorgniserregend, da der Gebrauch von E-Zigaretten unter Jugendlichen mit dem Rückgang des traditionellen Rauchens zunimmt. Im Jahr 2017 benutzten etwa 12 Prozent der Schüler und etwa 3 Prozent der Mittelschüler elektronische Zigaretten, aber etwa 7,6 Prozent der Schüler rauchten normale Zigaretten. Juul war erfolgreich, aber wie viel kostet sie? Und wollen Sie, dass Ihr Kind Gewohnheiten annimmt?

KAPITEL 5

AUF DEN GESCHMACK KOMMEN

Die Wertschätzung für Stil und Ästhetik ist nicht angeboren. Sie muss mit der Zeit entwickelt und verfeinert werden. Und es gibt Standards für Qualität und Schönheit. Nur weil Sie keinen Bordeaux-Wein mögen, heißt das nicht, dass Sie keinen Unterschied zwischen gutem und schlechtem Wein erkennen können. Sie können es. Je mehr Sie lernen, was richtig ist, desto mehr können Sie es schätzen, auch wenn es nicht zu Ihrem persönlichen Hobby passt. Der naheliegendste Weg, um zu verstehen, wie sich der Geschmack entwickelt, besteht darin, zu untersuchen, wie sich das Gefühl für ein bestimmtes Lebensmittel oder Getränk im Laufe der Zeit verändert. In diesem Kapitel verwenden wir Geschmack - den Geschmackssinn - als Metapher für das Konzept eines umfassenderen Geschmacks - die Wahrnehmung ästhetischer Exzellenz.

Essen ist eine notwendige Erfahrung. Jeder tut es. Was beeinflusst den Geschmack des Essens, nicht nur die Zutaten, sondern auch die Umgebung, die Einstellung, die Erinnerungen, die Erwartungen und die Gesellschaft (die Anzahl der köstlichen Mahlzeiten, die verdaulich wurden, wenn die Mahlzeit umstrittene Essensgenossen enthielt)? Davon gibt es viele. Der Geschmack nimmt mit der Ernährungserfahrung zu oder ab. Wenn man versteht, wie das funktioniert, kann man sich ein Bild davon machen, wie der Geschmack im weiteren Sinne entwickelt und verbessert werden kann.

Der Geschmack von Speisen und Getränken wird zwischen dem sensorischen Nervensystem und verschiedenen Teilen des Gehirns gebildet und wird, wie die meisten anderen Nervenfunktionen, durch Aufmerksamkeit, Bewegung und Erfahrung verbessert und geschärft. Früher glaubten die Wissenschaftler, dass das menschliche Nervensystem starr ist und die Neurogenese (das Wachstum von Nervengewebe) nach dem Embryonalstadium eingestellt wird. In der zweiten Hälfte des 20. Jahrhunderts entdeckten die Forscher jedoch, dass sich die Neuronen während des gesamten Lebens weiter bilden, das Gehirn umgestalten und neue Verbindungen durch Erfahrungen, Vorstellungen und sogar Empfindungen herstellen. Die meisten Kinder essen zum Beispiel gerne Eis, auch wenn ihnen das nicht beigebracht wird. Süße, Fülle und Cremigkeit machen von Natur aus Spaß.

Kaffee oder Alkohol schmecken Kindern dagegen meist nicht. Für viele Erwachsene sind diese Getränke jedoch sehr attraktiv. Im Gegensatz zu Eiscreme gewinnen sowohl Kaffee als auch Alkohol an Geschmack. Ihr Genuss entsteht durch Exposition und Kultivierung. Sie liefern eindeutige Beweise dafür, dass sich der Geschmack verändert, und viele Geschmacksrichtungen entwickeln sich und werden erlernt.

Einige Übungen und Aktivitäten können helfen, die Geschmacksentwicklung zu fördern und zu unterstützen. Der erste Schritt besteht jedoch darin, engagiert und geduldig zu sein. Guter Geschmack entwickelt sich im Laufe der Zeit und wird von einer Vielzahl von Faktoren beeinflusst, von denen nur einige wenige kontrolliert werden können. Persönliche Vorlieben werden in erster Linie durch Zeit und Ort geprägt, nicht nur durch die Lebensbedingungen, sondern auch durch individuelle Umstände wie Bildung und Familienwerte. Sie werden auch durch die Genetik geprägt. Einige Studien legen zum Beispiel nahe, dass unsere Gene bestimmen, ob wir den Geschmack von Koriander bevorzugen oder nicht.

DER GESCHMACK DES ESSENS - EINE TROPHÄE FÜR DIE VERFEINERUNG DES LEBENS

Wenn wir darüber nachdenken, wie man eine Diät macht, lernen wir etwas über die Vielfalt der Geschmäcker und wie wir uns an sie anpassen können. Natürlich auch, wie und warum wir uns von Sinneserfahrungen entfernen. Sich selbst darin zu schulen, sich dessen bewusster zu werden, ist ein wichtiger (und meist erfreulicher) Schritt in der ästhetischen Entwicklung. Die hier beschriebenen Übungen und Prinzipien lassen sich auch auf andere sensorische Aktivitäten anwenden. Sie zeigen, wie bestimmte künstlerische Erfahrungen, Ausdrucksweisen, Codes und Entscheidungen funktionieren und warum manche Kombinationen gut funktionieren und andere nicht.

Das Konzept des "köstlichen Essens" ist irreführend. Natürlich nehmen Sie Lebensmittel über den Geschmack wahr. Diese biologische Funktion ist der wichtigste Weg, um süße, salzige, bittere, saure und umami-Empfindungen zu erkennen. Wir erleben Lebensmittel auch durch unsere Kultur, Geschmackserwartungen, Erinnerungen an die Vergangenheit und neue Informationen und Ideen über das, was wir essen. Bei der Vermittlung von Informationen über die Ernährung muss der Geschmack nicht nur wissenschaftlich, sondern insgesamt betrachtet werden. Es reicht nicht aus, in einem Raum voller Verkoster einen Konsens darüber zu erzielen, dass ein bestimmtes Esserlebnis wünschenswert oder unerwünscht ist. Es ist wichtig, alle Faktoren zu verstehen, die das individuelle Bewusstsein fördern.

EUGENIK UND WERTSCHÄTZUNG

Tatsächlich bestimmt unsere DNA den Großteil dessen, was wir schmecken und ob wir mögen oder nicht, was wir fühlen. Studien zeigen, dass 41 bis 48 Prozent unserer Lebensmittelvorlieben genetisch bedingt sind. Die menschliche Zunge hat 2.000 bis 5.000 Tausende von Geschmacksrichtungen. Alle Geschmacksrichtungen haben 50 bis 100 Rezeptoren, die fünf Geschmacksprofile verarbeiten: süß, salzig, bitter, sauer, umami (oft auch als Bohnenkraut bezeichnet). Die DNA bestimmt die Anzahl der Rezeptoren. In Asien, Südamerika und einigen Teilen Afrikas sind 85 % der einheimischen Bevölkerung sehr empfindlich bei der Verkostung (insbesondere von Bitterstoffen), während die einheimischen Europäer weniger empfänglich für verschiedene Geschmacksrichtungen sind.

Forscher haben auch herausgefunden, dass diejenigen, die herzhafte Speisen hassen, mehr Geschmack als üblich haben. Das heißt, der Geschmack nähert oder übersteigt 5.000. Die Wissenschaftler nennen diese Menschen "Superstarter". Diese Menschen können Merkmale viel schärfer registrieren als andere und haben oft eine offensichtliche Abneigung gegen supersüße Lebensmittel, starken Kaffee, fettige und scharfe Barbecue-Soßen und Hopfenbiere. Wenn ein Gen fast die Hälfte der Geschmacksvorlieben gegenüber anderen Geschmacksrichtungen ausmacht, was bestimmt dann die andere Hälfte? Und wie formen Erfahrung, Exposition und Anstrengung die andere Hälfte?

ANDERE SINNE, ANDERE QUALITÄTEN

Wenn wir essen, beginnen alle unsere Sinne zu arbeiten. Sehen, Riechen, Tasten, Schmecken, Hören: Sybil Kapoor, eine britische Lebensmittelautorin und Verfasserin des Buches A New Way to Cook, untersucht, wie Lebensmittel eine Vielzahl von Empfindungen anregen. Das flauschige Gefühl von Pfirsichhaut, der frische Geruch von Basilikum, der scharfe

Schock. In ihrem Buch geht es darum, zu erkennen, wie die Temperatur den Geschmack von Lebensmitteln verändern kann. Sie weist darauf hin, dass Eiskaffee nicht so bitter ist wie heißer Kaffee, da sie eher auf bittere Geschmäcker wie heißen Kaffee reagiert. Cheese Monger wird Ihnen Folgendes sagen: Mindestens eine Stunde, nachdem Sie das Cheddarstück oder den Camembert aus dem Kühlschrank genommen haben, werden Sie die subtilen Geschmacksschichten der verschiedenen Käsesorten wahrnehmen. Empfohlen für süß, salzig, nussig, milchig, Rasen, etc.

Sogar die Art, wie Lebensmittel in Scheiben geschnitten werden, beeinflusst ihren Geschmack. Dicke Platten von Roastbeef sind zäh und zäh, während in Fleischkörner geschnittene Papierscheiben weicher sind. Ähnlich ist eine dünne Scheibe Truthahnbrust an Thanksgiving trocken, aus Papier und geschmacklos, während die ganze Brust dick und diagonal geschnitten ist, was sie saftig und buttrig macht. Wenn Sie in Parmesanstücke beißen, können Sie sich auf die körnige Textur konzentrieren und nicht auf die salzigen Nüsse.

Genug von dem, was wir als Diskriminierung empfinden, riechen wir tatsächlich. Kapoor empfiehlt, frische Lorbeerblätter in die Hand zu nehmen, sie mit der Hand zu zerdrücken und die beschädigten Blätter zu fühlen. Unverwechselbare Kräuteressenzen erinnern angenehm an Wintergerichte und deftige Suppen. Wenn man die Blätter jedoch probiert, stellt man fest, dass sie sehr bitter sind und sich schlechter anfühlen. Das Gleiche gilt für Vanilleextrakte. Er riecht göttlich, aber ein Bissen davon erweist sich als bitter und herb. Viele Menschen mögen den Geruch von zerdrücktem Knoblauch für Soßen und andere Gerichte, aber der Geschmack von rohem Knoblauch ist aufregend und stechend.

BEWUSSTSEIN UND ESSENZ

Unsere individuelle DNA hat damit zu tun, wie wir den Geschmack wahrnehmen und genießen, aber die Natur lässt sich nicht vollständig kontrollieren. Die Art und Weise, wie wir in unseren Familien und Gemeinschaften an Lebensmittel herangeführt werden, und die Botschaften, die wir über die Lebensmittel um uns herum erhalten, machen ebenfalls einen Unterschied und übersteigen unsere natürlichen Vorurteile. Bei der Zubereitung von Lebensmitteln wecken die Rituale des

Schälens, Schneidens, Mischens und Sautierens eine Vielzahl von Erinnerungen an das Zuhause, die Kindheit, Romantik, Spaß, gegessene Mahlzeiten und Zusammenkünfte. Essens- und Geschmacksvorlieben sind eng mit persönlichen Erfahrungen verbunden - das Gefühl, der Geschmack, der Geruch und das Aussehen von Lebensmitteln rufen starke und bedeutungsvolle emotionale Assoziationen hervor. Ich habe gesehen, wie die Form, die Dicke, die Klarheit und die Qualität von Weingläsern den Geschmack von Wein beeinflussen.

KULTUR UND VEREDELUNG

Unsere Geschmäcker entwickeln sich weiter, zum Teil durch die Einführung neuer multikultureller Lebensmittel und Geschmacksrichtungen. Da die Welt immer vernetzter wird und die Menschen immer häufiger und bequemer reisen, sind Geschmacksvorlieben, die früher als lokal galten, gewachsen, und die Nachfrage nach neuen Geschmacksprofilen ist gestiegen. Laut Cristle Kuhurst, einem Berater für die internationale Lebensmittelbranche in einer britischen Marketingklinik, haben viele Länder eine sehr ausgeprägte Esskultur, die jedoch auch von äußeren Einflüssen beeinflusst wird.

Das ist für uns alle nicht überraschend. Versuchen Sie einmal, nationale und regionale Gerichte zu essen. Sie werden sehen, dass es viele akademische Debatten darüber gibt, woher die Pizza kommt. "Ist die Pizza in Neapel entstanden, als die alten Griechen und Ägypter so viele brotlose Beläge aßen, wie wir sie kennen? Alle Gerichte sind mit lokalen Lebensmitteln erhältlich. Es ist eine Verschmelzung von Geschlecht, äußeren Einflüssen und historischer Entwicklung, und diese Entwicklung geht heute weiter: Kulturelle Einflüsse wie Filme, Mode und Gesundheitsbotschaften beeinflussen, was wir essen. Es entwickelt sich, es wird nicht gemacht. Wir alle sind Teil dieser Entwicklung", sagt Lukehurst.

Diese Entwicklung erklärt, warum moderne italienische Teenager Bier nach amerikanischem Vorbild dem italienischen Wein vorziehen. Wein hat starke italienische Wurzeln und verschwindet selten von der italienischen Speisekarte. Die Wahl italienischer Jugendlicher wird jedoch von kulturellen Einflüssen wie der amerikanischen Popkultur beeinflusst, sagt Lukehurst. Sie. Italienische Teenager trinken zunehmend Bier in Situationen, in denen ihre Eltern Wein oder Wasser getrunken haben. Als die Nachfrage nach Bier nach amerikanischem Vorbild in Italien wuchs, begannen die Bierunternehmen, diese Nachfrage zu befriedigen. "Man kann wohl sagen, dass [die

Bierhersteller] den Teenager-Markt aktiv verfolgen, aber die Nachfrage ist definitiv vorhanden." In vielen europäischen Ländern trinkt die Generation Z jedoch weniger Alkohol wie Bier und Wein als die gesamte Elterngeneration. "Sie haben in ihren Teenager- und frühen Zwanzigerjahren keine Alkoholpräferenzen entwickelt und verspüren nicht die gleichen Bedürfnisse wie frühere Generationen", sagt Lukehurst.

In China ist Kaffee, einst ein fast völlig anderes Getränk, heute ein schnell wachsender Wettbewerbsmarkt. Auch einheimische Unternehmen beteiligen sich aktiv an den großen US-Mächten wie Starbucks. In ähnlicher Weise ist der einst existierende chinesische Markt für Kartoffelchips in den letzten zwei Jahrzehnten exponentiell gewachsen, da die Produktionsmethoden in China ausgefeilter geworden sind und sich die Verbraucherpräferenzen erweitert haben. Ein bedeutender Akteur auf dem chinesischen Chipsmarkt ist dafür bekannt, dass er Chips mit ungewöhnlichen Geschmacksrichtungen und regionalem Bezug entwickelt (New England Lobster Roll, Cajun Spice, etc.). Wir machen das Gleiche in China und fügen den Chips einen beliebten Geschmack hinzu. Durian ist eine dornige grüne südostasiatische Frucht.

In den Vereinigten Staaten gehören zu den wichtigsten Restauranttrends für 2018 afrikanische und peruanische Aromen, seltene Kräuter wie Probate und Zitronenmelisse, ethnische Frühstücksgerichte wie Chorizo-Rühreier und Kokosmilchpfannkuchen, Sambal, indonesische scharfe Sauce, und Jag, jemenitische Koriandersauce. Natürlich verändern die Lebensmittelhersteller das Geschmacksprofil dieser und anderer ethnischer Lebensmittel, um sie köstlicher oder auf kulturell unterschiedlichen Märkten zugänglicher zu machen. Wir waren in Rom und kennen den Unterschied zwischen der Nudelsauce, die wir in der Stadt gekauft haben, und der roten Spaghettisauce, die wir in einer italienischen Pizzeria bestellt haben. Das Essen, das man auf den Straßen Shanghais kauft, ist ganz anders als das, was man an einem chinesischen Buffet oder in einem Imbiss im Mittleren Westen der USA findet. Aber auch wenn diese Lebensmittel in Bezug auf Geschmack, Textur und Aussehen nicht zuverlässig sind, gibt es doch genügend Marker oder Codes, die man durch Neigung und ein erkennbares Geschmacksprofil identifizieren kann.

ZURÜCK ZUR NATUR

Information und Bildung wecken auch neue Wünsche nach anderen Geschmacksrichtungen und Lebensmitteln. So hat beispielsweise die Nachfrage der Verbraucher nach natürlicheren und biologischen Lebensmitteln aus der Region, d. h. vom Bauernhof auf den Tisch, zu einem besseren Verständnis der Auswirkungen industrieller Lebensmittel auf unseren Körper geführt und wurde als "natürlich" vermarktet. Was man tatsächlich schmeckt, sieht und fühlt, ist natürlich.

Die Art und Weise, wie Lebensmittel verarbeitet werden, hat Einfluss darauf, nach welchen Geschmacksrichtungen wir uns sehnen. Echte oder "ganze" Lebensmittel enthalten unterschiedliche Mengen an Eiweiß, Fett, Ballaststoffen, Wasser und Kohlenhydraten (obwohl unverarbeitete tierische Produkte keine Kohlenhydrate haben). Bei der Verarbeitung der Lebensmittel werden diese Inhaltsstoffe in irgendeiner Weise modifiziert oder verändert: konzentriert, erhöht oder verringert. Mit Zucker- und Salzzusatz zubereitete Lebensmittel machen süchtig, und die Lebensmittelhersteller wissen das. Sie haben einen Weg gefunden, die Körperregulatoren zu umgehen, die uns sagen, wann wir satt sind und aufhören zu essen, und stattdessen unser Verlangen nach vor allem zuckerhaltigen und salzigen Lebensmitteln zu steigern. Dies hat die Art und Weise verändert, wie wir mit Aromen interagieren und auf sie reagieren. Viele von uns (man bedenke, dass die meisten von uns keine "Superschmecker" sind) brauchen eher einen zuckerhaltigen, salzigen Geschmack, um ihr Verlangen zu stillen. Und wir sind oft erst zufrieden, wenn wir mehrere "Portionen" eines bestimmten Lebensmittels essen - das Ergebnis der Manipulation von Lebensmitteln und Geschmack.

Da inzwischen viel darüber geschrieben wird, wie viel Zucker und Salz verarbeiteten Lebensmitteln zugesetzt wird, haben die Verbraucher bemerkt, dass diese Zusätze das Essen, nach dem sie sich sehnen, manipulieren - und sie sagen, dass sie es nicht mögen. Aber es funktioniert auch: Die Süße der Lebensmittel hat zugenommen, während andere Geschmacksrichtungen wie Bitterkeit fast verschwunden sind. Die Wiederentdeckung von Geschmacksrichtungen wie Bitterkeit (Campari auf Eis, Rucola-Salat, sautierte Rapini) ist eine weitere Möglichkeit, unsere Sinne zu wecken und die Wahrnehmung (und Wertschätzung) verschiedener Geschmacksrichtungen zu erweitern. Alle Erfahrungen, die wir mit Lebensmitteln und Geschmack machen, einschließlich der Annahmen darüber, was wir essen, was wir schmecken und wie wir darauf reagieren, werden von all dem, was ich gerade besprochen habe, und anderen Faktoren beeinflusst. Ihre Stimmung, das Wetter, der Ort, an dem Sie hungrig waren, und die Menschen, mit denen Sie zusammen sind. Bei der Entwicklung des Geschmacks spielen mehrere Umstände eine Rolle, so dass Sie sicherstellen müssen, dass die wichtigsten Faktoren erkannt werden.

ART: GUTES TUN BEIM NASCHEN

Die Geschichte von Daniel Lubetzky, dem Gründer des Obst- und Nuss-Snacks "Kind", ist aufschlussreich. Lubetzky, der Sohn von Holocaust-Überlebenden, gründete Kind im Jahr 2004, um der Welt mehr Güte in Form von gesunden Snacks zu bieten. Das Unternehmen hat sich vervielfältigt. Von den rund 2.000 Produkten in der Kategorie Ernährungsriegel sind sechs der zehn meistverkauften Produkte Kind-Riegel. Tatsächlich ist Kind die am schnellsten wachsende Energie- und Nährwertriegelmarke in den Vereinigten Staaten geworden. Im

Jahr 2017 investierte Mars, das weltweit größte Snack-Unternehmen, in Kind und bewertete das Unternehmen mit 4 Milliarden Dollar.

Der Erfolg von Kind basiert zum Teil auf Lubetzkys ursprünglicher Mission, Freundlichkeit zu verbreiten. Dieses Konzept hebt Ihre Marke nicht nur von traditionellen Wettbewerbern ab, sondern erhöht auch das Bewusstsein und regt einen sinnvollen Dialog mit den Verbrauchern an. Eine Strategie bestand darin, Plastikkarten an die Mitarbeiter des Unternehmens zu verteilen, um freundliche Handlungen zu belohnen. Wenn sie jemanden sehen, der eine freundliche Tat begeht, wie z. B. einen Sitzplatz in der U-Bahn zu verlassen oder einem älteren Menschen über die Straße zu helfen, geben sie die Karte an einen Delinquenten weiter. Als Nächstes schickte Kind den guten Samaritern zwei Kind-Riegel und eine weitere Karte, um die Freundlichkeit an jemand anderen weiterzugeben. Das als "gemeinnützig" bezeichnete Unternehmen versprach Tausende von Dollar für von Kunden initiierte Projekte, die der Gemeinschaft zugute kommen. Kind hebt sich jedoch nicht nur durch Marketingbotschaften und -taktiken ab. Die Verpackung ist auf maximale Klarheit ausgelegt, so dass die Verbraucher die wesentlichen Inhaltsstoffe der Nüsse und Trockenfrüchte sehen und sich den Geschmack und die Beschaffenheit jedes Riegels leicht vorstellen können, bevor sie ihn kauen.

Die Sorten konnten sich auch die veränderten Ernährungsgewohnheiten der Amerikaner zunutze machen. Das war nicht nur ein Glücksfall für die Marke. Die Idee war, die Ästhetik zu nutzen, um die Sensibilität der Kunden zu erhöhen. In den 1990er und frühen 2000er Jahren galten Energie- und Nährstoffriegel als Spezialitäten und wurden vor allem an Sportler und Diätwillige verkauft. Heute suchen die meisten Kunden nach gesunden, praktischen Snacks, die aus echten, minimalen Materialien hergestellt werden, transparent sind und ohne viele Konservierungsstoffe gekennzeichnet sind. Ungefähr 27 Millionen Amerikaner haben 2013 den Gesundheitsriegel gegessen, indem sie Produkte mit natürlichen Zutaten kreierten und Verpackungen und Botschaften schufen, die ihre Ästhetik verbessern. Ich glaube nicht, dass Kind Bar viel gesünder ist als jeder andere Snack-Riegel - er enthält viel Zucker. Aber sie sind irgendwie mit Worten verbunden, die reine und allgemeine Gesundheit widerspiegeln.

ÄSTHETISCHE ÜBUNG: DIE KUNST UND WISSENSCHAFT DES WAHRNEHMENS

Man kann trainieren, sich bewusster zu machen, was man isst oder im Allgemeinen erlebt, und wie man sich dabei fühlt und warum. Je mehr Sie sich auf das Erlebnis einlassen, desto kritischer werden Sie die Schlüsselfaktoren wahrnehmen, die Ihr Esserlebnis besser oder schlechter machen. Sie gehen vielleicht oft auswärts essen, aber wie oft achten Sie auf alle Details? In einem Harvard-Kurs gab ein Lehrer den Studenten eine Restaurantkritik auf, in der er ein Restaurant auswählte und das Essenserlebnis erläuterte, so dass die Leser, die noch nie in diesem Restaurant gegessen hatten, ein Essen in diesem Restaurant erleben konnten. Sie ermutigten sie, sich bei ihren Bewertungen auf die präzisesten und bemerkenswertesten Elemente zu konzentrieren, und zwar so deutlich wie möglich. Ihre Schüler lernten, wie viel sie während des Essens wahrnahmen, wie richtig das jeweilige Lokal war (und wie falsch) und wie die nicht geschmacklichen Reize (Qualität der Beleuchtung, Belüftung, Geräusche usw.) die Wahrnehmung des Essens überraschten, wie sie sich bildeten.

KAPITEL 6

INTERPRETATION (UND REINTERPRETATION) DES PERSÖNLICHEN STILS

Im vorangegangenen Kapitel haben wir über Geschmack im Zusammenhang mit Lebensmitteln und Aromen gesprochen. Aber Ästhetik ist Dankbarkeit für alle Sinne, und ästhetische Intelligenz bedeutet zu verstehen, wie und warum eine Empfindung bestimmte Emotionen, angenehme Emotionen, durch alle Formen der Stimulation verursacht. In diesem Kapitel wollen wir etwas über persönliche Dinge lernen und darüber sprechen, wie man den Prozess der Kultivierung und des Ausdrucks der eigenen Ästhetik beginnen kann, je nach Aussehen und Stil, individuell, was und wie man sich kleidet.

Schließlich kommt guter Geschmack von innen, und das, was wir die "4 Ks" nennen: Klarheit, Kohärenz, Kreativität und Selbstvertrauen zeigen den richtigen Stil. Zeigt Ihr Auftreten ein klares Gefühl dafür, wer Sie sind, was Ihnen wichtig ist und wie Ihr Inneres mit Ihrer äußeren Erscheinung verbunden ist? Assoziieren andere Sie mit einigen konsistenten Stil- oder

Modemarkern oder "Codes", wie sie in früheren Markendiskussionen genannt wurden? Die Kreativität liegt in der Einzigartigkeit des Codes. Sind es identifizierbare Markierungen? Und ist Ihr robustestes System einzigartig, originell und einprägsam? Die Arbeit an diesen Ks wird nicht nur dazu beitragen, Ihr Image zu stärken, sondern auch eine wertvolle Fähigkeit schaffen, um geschäftliches Interesse zu wecken.

Viele Menschen betrachten "Mode" als frivol oder großzügig. Herauszufinden, was man anziehen soll, wird oft als ein "Erste-Welt-Problem" betrachtet und scheint diejenigen zu übersehen, die es sich nicht leisten können, viel Geld in ihre Garderobe zu investieren. Die modischsten Menschen sind nicht die, die Geld haben. Extremer Reichtum schränkt die Fähigkeit ein, Entscheidungen zu treffen, Kompromisse zu schließen und Disziplin zu wahren. Dies sind die drei wesentlichen Elemente des richtigen Stils. Unser Anliegen in Bezug auf den Stil ist der Irrglaube, dass wir auf bestimmte soziale Gruppen beschränkt sind - zum Beispiel auf einen Fashionista in den Zwanzigern, der in einer kosmopolitischen Gegend lebt. Wir betrachten Menschen aller sozioökonomischen Segmente und aller Kulturen, junge und alte, Männer und Frauen, die an ihrem

Aussehen interessiert sind und sich auf einzigartige und aufregende Weise präsentieren.

Der Mensch hat einen angeborenen Drang, sich auf irgendeine Weise zu schmücken, von Tätowierungen und Piercings bis hin zu Schmuck und bunten Stoffen. Wir tun dies nicht nur, um uns selbst zu gefallen, sondern auch, um die Aufmerksamkeit anderer zu erregen. Dekorationen jeglicher Art unterscheiden uns von anderen, drücken unsere Vorstellungen von Schönheit durch Menschen aus und symbolisieren das Bedürfnis, unseren Status und unsere Ziele zu behaupten. Sie hat eine lange Geschichte. Im Jahr 2004 wurden Muschelperlen an vier Fundorten in Marokko ausgegraben. Diese Funde scheinen zu bestätigen, dass die frühen Menschen bereits vor 80 000 Jahren symbolischen Schmuck trugen. Diese Perlen gesellten sich zu ähnlichen archäologischen Funden aus der Zeit vor 110 000 Jahren in Algerien, Marokko, Israel und Südafrika, die bestätigen, dass es sich dabei um die ältesten Formen von persönlichem Schmuck handelt, der auch vererbt wurde. Dies zeigt, dass es eine gemeinsame Tradition durch die Kultur über Tausende von Jahren gibt.

INTELLIGENZ - EINSTIMMUNG AUF DEN STIL

Einstimmung auf eine andere Person bedeutet, dass man kommunizieren kann, ohne ein Wort zu sagen, und trotzdem durch Mimik, Gesichtsausdruck, Blinzeln oder Hochziehen der Augenbrauen verstanden wird. Wenn wir in Yogakursen posieren, im Park joggen oder in einer Buchhandlung stöbern, sind wir voll und ganz dabei und konzentrieren uns auf das, was wir gerade tun. Wir sind an diese Erfahrungen angepasst. Beim Essen ist Einstimmung die Fähigkeit, die Geschmacksschichten eines Gerichts zu erkennen und zu beurteilen, wie der Wein, den Sie trinken, den Geschmack des Essens und die umgebende Atmosphäre (Beleuchtung, Tischgestaltung, Musik usw.) beeinflusst. -Sie wirkt sich auf das gesamte Esserlebnis aus. Im Bereich des persönlichen Stils und der Mode besteht die Einstimmung darin, dass man darauf achtet, wie sich verschiedene Methoden wie Farbe, Stoff und Passform auf einen auswirken.

Heute sprechen wir oft von "im Moment" oder "bei vollem Bewusstsein" und erklären die Einstimmung. Wenn Sie zum Beispiel an einem heißen Sommertag am Strand liegen, spüren Sie vielleicht die Wärme der Sonne auf Ihrer Haut und den rauen Sand an Ihren Füßen. Vielleicht spüren Sie auch den Geruch von Meersalz in der Luft. Die meisten Menschen empfinden diese Empfindungen als angenehm, aber einige der damit verbundenen Erlebnisse - wie das Gefühl eines engen, nassen Badeanzugs oder der Biss von unachtsamem Meerwasser - sind überhaupt nicht angenehm. Je mehr man sich an die physische Umgebung und ihre Empfindungen gewöhnt, wie sie sich auf den Körper auswirken und wie man ihre Auswirkungen empfindet, desto stärker ist die Grundlage für die Entwicklung von KI.

Wie bei vielem in der KI ist unser Körper ein besserer Ratgeber als unser Verstand, wenn es darum geht, die Auswirkungen all dieser Empfindungen zu erkennen. Tabak, der von den Lippen tropft oder zwischen zwei Fingern eingeklemmt wird, ist eigentlich eine Modeerscheinung. Die meisten Menschen genießen ihre erste Zigarettenerfahrung nicht. Der Unterschied zwischen Süchtigen und mir besteht darin, dass sie es aushalten und schließlich eine ganze Reihe neuer emotionaler Reaktionen auf dieselben körperlichen Empfindungen entwickeln. Letztendlich sehnen sie sich nach Rauchgewohnheiten und Nikotinabhängigkeit.

Die Abstimmung auf den persönlichen Stil und die "Mode" beginnt oft mit einer genauen Kenntnis des eigenen Körpers. Wie möchten Sie, dass Ihre Kleidung in Ihrer Organisation wirkt? Dies kann die Form und Silhouette Ihrer Wahl bestimmen. Sie kann auch für eine bestimmte Farbe oder ein bestimmtes Muster (oder deren Fehlen) sprechen. Wie soll sich Ihre Kleidung an Ihrem Körper anfühlen? Das kann Sie bei der Wahl von Materialien, Texturen und Passformen leiten. Die Menschen haben auf der Suche nach ihrem persönlichen Stil verschiedene Phasen durchlaufen, aber sie haben alle irgendwo dazu beigetragen, dass wir schließlich dort gelandet sind, wo wir jetzt sind.

KLEIDERORDNUNG

Kleiderordnungen gibt es in fast jeder Situation. In Büros gibt es Kleiderordnungen (die manchmal im Mitarbeiterhandbuch verankert sind), für legere und formelle ("schwarze Krawatte") Partys gibt es Kleiderordnungen, und für Hochzeiten und Beerdigungen gibt es Kleiderordnungen. Oft werden diese Codes aufgrund kultureller Konventionen oder kontextbezogener Empathie festgelegt. So trägt man zum Beispiel bei einer

Beerdigung kein tief ausgeschnittenes Abendkleid und bei einer Hochzeit kein weißes Kleid (es sei denn, man ist die Braut).

Modecodes funktionieren ähnlich wie die Codes von Marken. Die meisten von uns tragen Anzüge oder moderne Versionen von Anzügen (Jacken, Hemden, Hosen oder Röcke) in Firmenbüros, und am Wochenende tragen wir Sportkleidung (T-Shirts oder Pullover, Hosen), und was wir denken (verstärkte Farben), funkelnd oder glitzernd, mehr Accessoires), wenn wir an einer formellen Veranstaltung teilnehmen. Die verschiedenen Arten, sich zu kleiden, lassen sich in zwei Gruppen einteilen: Uniformen und Kostüme. Wenn Sie einen Mann in einem Anzug sehen, dann macht er offensichtlich eine Verwaltungsarbeit. Man könnte ihn für einen "Büroangestellten" oder "Manager" halten. Uniformen werden jeden Tag getragen und sind einheitlich und vorhersehbar, selbst bei unterschiedlichen Farben der Krawatten und Schuhe. Kostüme dienen dazu, von außen vorgegebene Kleiderordnungen zu verbessern, beeinträchtigen aber im Allgemeinen persönliche Systeme und individuelle Stile.

Auch die Wochenendkleidung fällt meist in eine einheitliche Kategorie. Was auch immer Sie samstagmorgens für Ihre Arbeit anziehen, wird Ihnen nicht gefallen, wenn Sie damit zum

Vorstand gehen. Aber es gibt Unterschiede in der Wochenendkleidung - erkennbare Statuscodes (dazu später mehr) und Persönlichkeit. Wer Brooks Brothers-Poloshirts und Khakis trägt, unterscheidet sich von denjenigen, die ein Rock'n'Roll-Group-T und zerrissene Jeans aus dem Secondhand-Laden tragen. Kostüme können an einem Samstagabend getragen werden, aber sie können sich von Zeit zu Zeit radikal ändern, da einzelne Anlässe unsere `` Pfauenmomente" sind und unsere Persönlichkeit, Wünsche und Talente zur Schau stellen.

Ein Verstoß gegen die Kleiderordnung ist eine Möglichkeit, Aspekte des eigenen Talents und der eigenen Persönlichkeit zum Ausdruck zu bringen. Der Architekt Peter Marino, der die meisten Boutiquen von Chanel, Louis Vuitton und Dior in aller Welt entwirft, beschreibt seine tägliche Arbeit als "Lederarchitekt". Wenn man ihn ansähe und nicht wüsste, dass er ein angesehener Innenarchitekt ist, würde man dank seiner Lederkleidung und zahlreicher Tätowierungen eine Lederbar-Szene der 1980er Jahre auf der West Side von Manhattan vermuten. Genau das ist seine bevorzugte Methode. Er spricht sogar von der "Lockvogelperspektive". Er brach den Code des Architektenlooks: einfach, unaufdringlich und traditionell. Von

Frank Lloyd Wright bis Frank Gehry ist der Dresscode im Grunde unverändert.

KULTUR, STATUS UND STIL

Persönliche Vorlieben entwickeln sich nicht in einem Vakuum. Einige von ihnen (und sowohl Abneigungen und Abneigungen) sind die Umgebung, in der Sie aufgewachsen sind, was Sie während Ihres Wachstums und Ihrer Entwicklung beobachtet, welche Herausforderungen Sie konfrontiert, und was Sie brauchen, um zu lösen. Einige Aspekte des Stils kommen aus der Zeit, in der wir leben, wie z. B. der Einfluss von Technologie und Medien, und einige kommen aus geografischen Details. Wenn Sie nicht zu Ihrem Stil passen, können Sie den kulturellen Einfluss von Zeit und Ort ablehnen. Die besten persönlichen Methoden folgen nicht dem Trend und sind nicht daran interessiert, "modisch" zu sein.

Wir wissen auch, dass Kleidung seit langem dazu dient, den Status und die Macht verschiedener Menschen zu differenzieren und die Klassendifferenzierung in vielen Kulturen der Welt zu verbessern. Vor der Demokratisierung der Mode in den letzten

Jahrzehnten und dem Übergang zu einem homogeneren und lässigeren Look diente die Wahl der Kleidung als Mittel zum Überspringen sozialer Klassen. Wenn man aus der Unterschicht kommt und sich einen schönen Anzug gekauft hat, kann man so tun, als wäre man für eine professionelle Firma unterwegs. Sagt der berüchtigte (und derzeit rehabilitierte) Betrüger Frank Abanale Jr., der von Leonardo DiCaprio in dem Film "Catch Me If You Can" von 2002 dargestellt wurde.

Im späten 13. Jahrhundert wurde die Darstellung von Reichtum durch Kleidung in Europa üblich, und die Orte des menschlichen Lebens ließen sich leicht an ihrer Kleidung erkennen. Kleidung steht für Herkunft, Kultur, Moral, Reichtum und Macht. Vom 19. bis zum frühen 20. Jahrhundert waren Baumwollhosen, Latzhosen und T-Shirts den Arbeitern vorbehalten, aber heute sind die Reichen absichtlich zerrissen (und sehr teuer). Man sieht sie oft in Blue Jeans und teuren, hauchdünnen Baumwoll-T's. Außenstehende, die mit dem modernen Modekodex nicht vertraut sind, können solche Kleidungsstücke betrachten, ohne an eine der Triebfedern der Gesellschaft zu denken. Tattoos waren einst ein Zustand der Küstenbewohner und ein Zustand der Motorradgangster. Sie sind bei Schauspielerinnen, Fußballmüttern und Architekten, die sie gesehen haben, sehr beliebt. Verbotene, nicht versteckte

Tattoos stehen oft im Mittelpunkt des roten Teppichs als "Accessoire" für attraktive Abendkleider.

Im alten China bedeutete Gelb die Mitte und die Erde, und nur der Kaiser durfte es tragen. In Afrika, das von den Hausa regiert wurde, waren große Turbanschichten und Kleidung aus teuren und wichtigen Stoffen den Adligen vorbehalten. In Japan wurden Geschichten über den sozialen Status des Trägers erzählt, der von der Farbe, der Webart, dem Stil, der Größe und der Härte des Kimonos abhing.

WIE MAN KLEIDUNG ANSCHAUT

Wenn Sie Ihre persönliche Stilentwicklung ernst nehmen (oder Ihren derzeitigen Look verbessern oder verändern wollen), müssen Sie Ihre Kleidung ansehen und anprobieren. Bitte erleben Sie sie sinnlich. Modedesigner Kay Unger sagt: "Wenn man es einfach in die Umkleidekabine mitbringt, muss man es nicht kaufen." Die einzige Voraussetzung für das Anprobieren von Kleidung ist das Tragen geeigneter Unterwäsche. Kleidung sieht auf Kleiderbügeln und am menschlichen Körper ganz anders aus. Auch am menschlichen Körper sieht es ganz anders aus, wenn die Kleidung sich nicht an die Konturen anpasst. Das strukturierte Kleid benötigt eine Grundlage, um richtig zu hängen und zu passen. "Der wichtigste Ratschlag ist, keine Angst zu haben, aus dem Rahmen zu fallen", sagt Unger. "Finden Sie Ihre Handschrift. Es ist ein klares und erkennbares Detail Ihres Stils", sagt sie. "Es war eine Anstecknadel für Madeleine Albright. Michelle Obama trug ein ärmelloses Kleid, und der Gürtel war ihre wunderbare Signatur." Die Unterschrift ist ein zugänglicher Weg zum persönlichen Stil. Selbst wenn man bei der Arbeit jeden Tag einen Anzug tragen muss, können Profis unterschreiben. "Tragen Sie einen bunten Anzug", sagt Unger. "Oder wenn man das Gefühl hat, einen schwarzen oder dunkelblauen Anzug tragen zu müssen, sollte man bunte Blusen und Hemden tragen.

KAPITEL 7

DIE KUNST DES KURATIERENS

➤ **WIEDERHERSTELLUNG VON HARMONIE UND GLEICHGEWICHT**

Kuratieren ist eines der Wörter, die Menschen oft verwenden, ohne genau zu wissen, was es bedeutet - ein Begriff, der mit der Behandlung oder Wiederherstellung des Namens verbunden ist. Wenn Sie Ihr Unternehmen kurieren, beseitigen Sie nicht nur Dinge, die nicht funktionieren (und ablenkend oder schädlich sind), sondern stellen auch Dinge ein, die bequem und erfolgreich funktionieren. Beim Kurieren oder Heilen geht es nicht nur um das Reduzieren oder Entfernen. Es bedeutet auch, dass man das, was übrig bleibt, auf eine angenehme Art und Weise zusammensetzt. Im Kontext der Ästhetik stellt die Kuration die Harmonie und Schönheit eines Produkts, einer Dienstleistung, einer Kampagne oder eines Geschäftsdesigns wieder her. In diesem Kapitel werden wir uns ansehen, wie Sie die Entscheidungen Ihrer Kunden beeinflussen können, wie sich die Erfahrung des Zeichnens im Raum auf Ihr Endergebnis auswirkt, und schließlich, wie Sie Ihre Kurationsfähigkeiten verfeinern können.

Die italienische Bekleidungsmarke Moncler wurde 1952 von René Ramillon gegründet. Der Name leitet sich von der Herkunft der Monestiers Clermont ab, einer Stadt in den Alpen bei Grenoble. Zu den ersten Produkten gehörten gesteppte Schlafsäcke und Zelte. Die erste Daunenjacke oder der erste Kapuzenpulli des Unternehmens wurde 1954 eingeführt, um Fabrikarbeiter vor der Kälte zu schützen. Der französische Bergsteiger Lionel Terrey erkannte das Potenzial und half bei der Entwicklung seiner Forschungskompetenz. Im selben Jahr wurde die Jacke bei der Besteigung des K2 durch das italienische Team verwendet. Im Jahr 1968 wurde Moncler von der französischen Skimannschaft bei den Olympischen Winterspielen in Grenoble eingesetzt. Der erste Kapuzenpulli sah aus wie ein unförmiger Sack und war ein wirksamer Schutz gegen die Elemente. Mitte der 1990er Jahre kämpfte die Marke mit finanziellen Problemen und wurde von anderen prominenten Oberbekleidungslinien überholt, wie z. B. der Luxusmarke Prada und der preiswerteren Sportmarke North Face. Das Unternehmen war krank und musste behandelt werden.

Im Jahr 2003 wurde die Marke von dem italienischen Kreativdirektor und Unternehmer Remorphini übernommen. Morphine stammte aus einer langen und berühmten Linie italienischer Textilhersteller und Geschäftsleute. Zu dieser Zeit betrug der Umsatz des Unternehmens nur etwa 60 Millionen Dollar, also blutendes Geld. Unter Rufinis Führung und Kuratierung hat sich die Marke von einer einfachen, verpackten Gänsedaunenjacke zu dem entwickelt, was die Franzosen la doudoune chic (schicke Jacke) nennen, italienisch il-piumino di Lusso (Luxus-Daunenjacke). Hat. Im Jahr 2008 erwarb die Carlyle Group, eine private Kapitalbeteiligungsgesellschaft, 48 % des Unternehmens und wurde zum größten Aktionär. Als Geschäftsführer von Carlyle trat er in diesem Jahr in den Vorstand des Unternehmens ein (und blieb dort bis 2010). Er soll dem Unternehmen helfen, in Nordamerika und anderen außereuropäischen Märkten Fuß zu fassen.

Im Jahr 2013 wurde das Unternehmen an der Mailänder Börse notiert. Carlyle verkaufte seine Aktien im Laufe der Jahre und erzielte damit eine der höchsten Renditen aus seinen europäischen Fonds. Heute beschäftigt Moncler mehr als 1.000 Mitarbeiter und erwirtschaftet jährlich fast 2 Milliarden Dollar. Es ist auch die erste Oberbekleidungsmarke, die modische Autorität demonstriert.

Wie hat Rufini also die Ästhetik genutzt, um das Unternehmen zu kurieren oder zu heilen? Er behielt eine hochwertige Verarbeitung und Details bei. Allerdings modernisierte er den Stil des Produkts und integrierte modischere High-Tech-Komponenten. Außerdem erweiterte er die Produktlinie (Stiefel, Mützen, Pullover usw.), ohne dabei sein Kernprodukt Parker aufzugeben. Unerwartete Kooperationen mit renommierten Designern wie Thom Browne, Junya Watanabe und Giambattista Valli haben der Linie mehr Vitalität und Mode verliehen. Aufsehen erregende Modenschauen an unerwarteten Orten (z. B. Models, die auf dem Baugerüst des Chelsea Sea Head in Manhattan posierten, Flashmobs von Models in der Grand Central Station, Schlittschuhläufer in der Walman Rink im Central Park) haben zu einer außergewöhnlichen redaktionellen Berichterstattung und zur Positionierung der Kollektion als hochwertige, aber innovative Marke geführt. Die Einführung der Einzelhandelsgeschäfte (heute gibt es mehr als 200 bedeutende Standorte in der ganzen Welt) geschah nicht über Nacht.

Mehrere Bücher befassen sich mit dem Problem der "Auswahlüberlastung", bei der die Verbraucher zu lange brauchen, um Entscheidungen zu treffen, zu entscheiden und zu treffen. In dem Buch The Paradox of Choice zeigt Barry Schwartz, dass zu viele Wahlmöglichkeiten dem psychologischen und emotionalen Wohlbefinden schaden. Außerdem geben die Kunden eher auf, wenn sie sich nicht entscheiden können, was sich negativ auf die Einnahmen Ihres Unternehmens auswirken kann. Sie sind oft frustriert über ihre Wahl (und die Marke), wenn es ihnen gelingt, sich zu entscheiden.

In ähnlicher Weise konzentrierte sich Sina Eienger, Professorin an der Columbia Business School, auf die Erforschung von Möglichkeiten, Verbrauchern zu helfen, bessere Entscheidungen zu treffen. Ihre Empfehlungen spiegeln in vielerlei Hinsicht den Kurationsprozess wider. Dies gilt insbesondere für die Überlastung bei der Auswahl. In einer ihrer Studien untersuchte sie, wie Menschen Entscheidungen über ihre Altersvorsorge treffen, insbesondere, wie sich die Anzahl der Pensionsfonds auf das zukünftige Sparpotenzial auswirkt. Wenn nur zwei Fonds im Plan vorgesehen waren, lag die Teilnahmequote bei etwa 75 %. Bei einem Plan mit 50 Fonds sank die Beteiligung auf etwa 60 %. Je mehr Auswahlmöglichkeiten es gibt, desto wahrscheinlicher ist es, dass die Menschen aufgeben, sich für einen zu entscheiden, und ihr gesamtes Geld auf ein

Geldmarktkonto legen, fand Iyengar heraus. Dies ist im Hinblick auf die künftige finanzielle Sicherheit keine kluge Entscheidung.

Wie bei den meisten Fertigkeiten müssen Sie das Kuratieren üben, um es wirklich zu beherrschen. Ohne wirkliche Übung werden Sie es wahrscheinlich nicht schaffen. Man kann viel über das Kuratieren und überzeugende ästhetische Geschichten lernen, wenn man sich mit Innenarchitektur beschäftigt oder weiß, wie man einen Raum auf der Grundlage persönlicher Vorlieben und Bedürfnisse gestaltet. Sogar diejenigen, die Altersvorsorgeoptionen für ihre Mitarbeiter organisieren, können davon profitieren. Die Macht der ästhetischen Intelligenz zeigt sich am deutlichsten bei Konsumgütern und Dienstleistungen, aber sie kann auch ein wichtiges Unterscheidungsmerkmal für professionelle Dienstleistungsunternehmen sein.

KURATIEREN, CHANCEN UND DER NIEDERGANG (UND DIE WIEDERGEBURT) DES KAUFHAUSES

Die Inhaber von Kaufhäusern haben bei der Gestaltung ihrer Räume stets den Kunden im Blick. Doch in letzter Zeit hat die Ästhetik der traditionellen Kaufhäuser ihren Vorteil verloren. Nach Angaben des U.S. Census Bureau sind die Einzelhandelsformate seit Jahrzehnten rückläufig, wobei der Anteil am Einzelhandelsumsatz von 5,54 % im Jahr 1998 auf 1,58 % im Jahr 2017 gesunken ist, so dass die Neugestaltung des Einkaufserlebnisses zu einer wirtschaftlichen Notwendigkeit geworden ist. Die Verbraucher betrachten den Besuch eines örtlichen Kaufhauses heute nur noch selten als eine Schatzsuche. Sie sind nicht daran interessiert, zu verweilen und zu stöbern. Sie haben nicht den Luxus des Entdeckens und Überraschens. Sie wollen, was sie wollen, und sind nicht sehr tolerant gegenüber langen Wartezeiten und der Nachricht, dass ihre Größe nicht mehr vorrätig ist. Die Idee ist, das zu bekommen, was sie wollen, und dann zu verschwinden. Das alte Modell der Kuration und der traditionelle Kundenservice sind weniger wichtig. Digitale Einzelhändler wie Amazon und Wayfair entwickeln und perfektionieren Algorithmen, die die Bequemlichkeit der Verbraucher und vorausschauende Kaufentscheidungen in den Vordergrund stellen, und kuratieren ihre Erfahrungen, während die Abteilungen in den Geschäften unter Druck stehen. Angebot für Kunden.

Glücklicherweise gibt es für Kaufhäuser (und andere physische Geschäfte) immer noch eine Möglichkeit, erfolgreich zu sein: Sie müssen den Kunden einen wichtigen Grund bieten, den physischen Raum zu betreten, sie müssen weniger, aber dafür eine bessere Auswahl bieten, usw. Könnten Sie sie dazu ermutigen, Geld auszugeben? Sie müssen auch eine energischere Perspektive darauf geben, wer sie sind und wofür sie da sind (und welche Art von Kunden sie erreichen wollen). Eine einzigartige Perspektive zu präsentieren, befriedigt nicht jeden, ist aber auch nicht der springende Punkt, sondern wird bei den treuesten Kunden Anklang finden. Ästhetische Einzelhändler müssen auch einen außergewöhnlichen Service bieten. Sie müssen es ernst meinen, anderen zu dienen, und in die Einstellung und Entwicklung von Mitarbeitern mit Wissen und Know-how investieren. All dies entspringt der Absicht und der Notwendigkeit, tiefgreifende, eindringliche und fortschrittliche Erfahrungen zu schaffen, die in anderen Geschäften nicht so einfach nachgeahmt werden können und schon gar nicht online. Offline-Händler müssen Wege finden, um flexibler zu sein und den Kunden Frische und Überraschungen zu bieten. Um dies zu erreichen, sollten Sie strukturellen kuratorischen Eingriffen und aussagekräftigeren Metriken wie Länge, Engagement und Erinnerung den Vorrang geben und nach älteren, erfolgreicheren Verkaufszahlen wie

Umsatz pro Quadratmeter, Konversionsraten im Einzelhandel und durchschnittlichem Umsatz pro Bestellung suchen. Es ist ein schwieriger Vorschlag, die Indikatoren zu verwerfen - die Beziehung zwischen der Erfahrung im Geschäft, den Kaufentscheidungen, der Produktzufriedenheit und der Neigung zur Wiederkehr.

ERLEBNISSE KURATIEREN

Häufige Produktwechsel und die Reduzierung der Auswahl sind zwei vielversprechende Strategien für den Erfolg des Einzelhandels. Eine andere besteht darin, eine bezaubernde Umgebung zu schaffen, die Unterhaltung und Aufklärung bietet. Einige beliebte Offline-Läden sind 10 Corso Como, Dover Street Market und ABC Carpet & Home. Die ersten beiden haben sorgfältig ausgewählte Standorte auf der ganzen Welt. Das dritte befindet sich in New York City. Jedes dieser Geschäfte ist durch eine sorgfältige Auswahl erfolgreich. Sie verkaufen viele der gleichen Produktkategorien und Marken wie große Geschäfte wie Bloomingdale's und Barneys New York, aber auf eine Art und Weise, die das Einkaufen zum Vergnügen, zum Erlebnis, zur Erinnerung und zum Begehren macht. Anstatt eine Enzyklopädie - wie ein Online-Shop - zu erstellen oder das

Angebot so umfassend wie ein traditionelles Kaufhaus zu gestalten, können die Kunden durch die Kuratierung des Angebots auf der Grundlage spezifischer Empfindlichkeiten leichter auswählen. Sie bieten nicht alles für jeden an. Sie konzentrieren sich auf einen bestimmten Kundentyp und bieten nur die allerbesten Optionen an.

Interessanterweise boten Bloomingdale in den 1980er Jahren und Barneys in den 1990er Jahren ein ebenso aufregendes Einkaufserlebnis. Keines der Geschäfte hatte jedoch vor Jahrzehnten exklusive Waren oder ausgefallene Auslagen. Anfangs war es nicht möglich, die Qualität der "Destination" zu erhalten.

10 Corso Como ist in Mailand, Seoul, Peking, Shanghai und New York vertreten. Die ehemalige Moderedakteurin der Vogue Italia, Cala Sozzani, bezeichnete es 1990 als ``virtuelle Geschichte'' mit Schwerpunkt auf Kunstgalerien und Buchläden. Etabliert. Es fühlt sich an wie ein lebendiges, atmendes Magazin mit erkennbaren redaktionellen Optionen oder Kuratierungen in den Bereichen Essen, Mode, Kunst, Musik, Lifestyle und Design. Ein Käufer oder Besucher lernt, versteht und zeigt Objekte im Kontext. Die Kunden verwenden das Produkt zu Hause auf diese Weise. Wir empfehlen das Anfassen, Halten

und Anprobieren. Einzigartig ist auch die Kuration der angebotenen Produkte: international, oft handwerklich gefertigt und handgemacht. Es werden nicht die gleichen Produkte wie in anderen Kaufhäusern angeboten. Es ist nicht nur etwas Besonderes und macht Spaß, durch den Laden zu gehen, sondern Sie können das gleiche Produkt nicht auf Amazon mit Ihrem Smartphone finden. Der so genannte Showroom-Effekt, der den traditionellen Einzelhändlern in den letzten Jahren geschadet hat, wird vermieden. Außerdem werden all diese ästhetischen Überraschungen auf einer Fläche von etwa 25.000 Quadratmetern erreicht. Das sind etwa 20 % der typischen Kaufhausgröße.

Dover Street Market präsentiert Marken und Ideen in ähnlicher Weise in erzählerischer Form. Die Präsentation ist lebendig und originell. Sie erzählen Geschichten über Produkte, ihre Designer und potenzielle Kunden. Der Gründer Kawakubo Re erzählte Reportern. "Wir wollen eine Art Markt schaffen, auf dem Schöpfer aus verschiedenen Bereichen zusammenkommen und sich in einer schönen, chaotischen Atmosphäre treffen. Eine persönliche Vision."

In einem Bereich des Londoner Geschäfts liegen die Hüte auf einem Stapel von Bankettstühlen, die sich gegenseitig überlappen, so dass ein fast holzähnlicher Effekt wie bei einer Skulptur entsteht. Man zieht einen Deckel aus einem der "Äste" des Stuhls heraus, um ihn anzuprobieren. Der Nike Shop, ein Geschäft im Geschäft, ist einzigartig organisiert und präsentiert. Natürlich kann man Nike-Trainingskleidung auch online kaufen, aber dank des Einfallsreichtums von Dover Street Market können die Kunden auch vor Ort einkaufen. Das Einkaufen bei Nike ist sogar noch erlebnisreicher, da der Laden auch als Veranstaltungsort genutzt werden kann.

Der Dover Street Market bricht mit vielen lokalen Regeln für die Warenpräsentation. Er unterscheidet sich von der traditionellen Art und Weise, einen Hut auf einen wahllosen Stapel von Stühlen zu legen, oder von den Gängen, die durch Kleiderständer gebildet werden, die in den meisten Abteilungen allgegenwärtig sind, indem er eine Vielzahl von gestapelten und aufgehängten Waren kombiniert. Läden, die viele unerwartete Präsentationsstrategien anwenden, wie z. B. die Schaffung von Gängen durch Ausstellungsstrukturen. Das Ergebnis ist ein einzigartiges Erkundungserlebnis in Kombination mit einem einzigartigen Produktsortiment, das sowohl die Ästhetik des Ladens als auch die Wünsche der Kunden und den Hunger nach Neuem und Überraschendem für einen bequemen und reibungslosen Einkauf widerspiegelt.

ALLES IST PERSÖNLICH

Der Prozess der Neugestaltung Ihres persönlichen Raums wird Ihnen helfen, bessere Entscheidungen für Ihr Unternehmen zu treffen. Wie alle Muskeln werden auch die Fähigkeiten zur Gestaltung von Räumen durch Übung entwickelt. Außerdem können Sie, sobald Sie ein starkes Gefühl für Ihren persönlichen Stil haben - die Klarheit und Genauigkeit dessen, was Ihnen in Ihrem Leben ein gutes Gefühl gibt und was nicht -, dieses Verständnis und diese Identifikation auf Ihr Unternehmen übertragen. Mit der richtigen Kuration können Sie bei Ihren Kunden Vertrauen aufbauen.

Bei der Gestaltung und Verwaltung einer Wohnung, eines Büros, eines Geschäftsraums oder eines Produkts müssen Sie Ihre Nutzer im Auge behalten. Je mehr man versteht, wie man den Raum nutzt (oder wie man sich kleidet), desto besser kann man sich in andere hineinversetzen. Bei der Innenraumgestaltung müssen Sie berücksichtigen, wer den Raum nutzt und wie er genutzt wird. Wenn Sie einen Raum tatsächlich nutzen, müssen Sie die Designelemente und Objekte, die Sie in den Raum stellen, kuratieren. Legen Sie sie fest. Wie möchten Sie leben und sich im Raum fühlen? Seien Sie nicht zu gefährlich. Nichts ist so unangenehm wie ein streng gespannter Raum. Humor bringt billige Erleichterung. Er hilft Ihnen, sich zu entspannen und zu verbinden. Er ist ein wesentlicher Bestandteil bei der Vermittlung vieler Arten von Botschaften, insbesondere bei Entwürfen, die anspruchsvolles Design beinhalten. Jonathan Adler baute ein Geschäft auf, das auf dieser Idee basiert, indem er skurrile Figuren und ironische Motive in seine Produkte einbaute.

ÄSTHETISCHE ÜBUNG: MOOD BOARD

Wie bereits angedeutet, sind Moodboards ein nützliches Hilfsmittel, um den Kuratierungsprozess zu beginnen. Dabei handelt es sich um eine Reihe von Bildern, Materialien, Texturen, Texten und anderen visuellen Hinweisen, die einen Stil, ein Konzept oder ein Gefühl einfangen und die kreative Richtung für ein bestimmtes Projekt oder eine Idee vorgeben sollen. Das Moodboard hat drei Funktionen. (1) Entscheidungen und Abwägungen durchsetzen. Konkret geht es darum, welche Elemente in das Board aufgenommen werden sollen, und welche nicht. (2) Sie müssen die relative Anordnung der Elemente auf dem Board untersuchen und damit experimentieren. Mit anderen Worten: Sie bestimmen, wie sich die Teile zu einer kohärenten und fesselnden Geschichte zusammenfügen. (3) Schaffen Sie eine Plattform, die visuelle und andere Elemente mit den Emotionen verbindet, die Sie zu wecken versuchen.

Der erste Schritt beim Kuratieren ist immer das Sammeln von Ideen und Inspirationen in Form von Bildern, Worten, Texturen und Materialien. So erhalten wir ein genaues Bild davon, was uns gefällt und wie die Komponenten zusammenwirken, um Geschichten und Botschaften zu schaffen. Die Bearbeitung, der zweite Schritt, ist oft sehr viel schwieriger. Wir müssen entscheiden, welche Einträge wir behalten und welche wir weglassen wollen. Im dritten Schritt geht es um die Platzierung. Wo passt jeder Beitrag kontextuell zu anderen Faktoren?

Die Stärke des Moodboards liegt darin, dass es alles kombiniert, nicht nur die von Ihnen ausgewählten Bilder. Verlassen Sie sich nicht nur auf Archivfotos und Bilder, sondern verwenden Sie alte Fotos, um nach Texturen zu suchen (Metallketten und Sisalglieder, Farbmuster, kleine Steinplatten usw.). Seien Sie nicht an die Konsistenz gebunden. Suchen Sie nach Kontrasten und Dimensionen. Wie wirken die Gegensätze zueinander? Wenn Sie beginnen, das eine neben das andere zu stellen, stellen

Sie vielleicht fest, dass Sie es weiter bearbeiten müssen. Einige Möglichkeiten wurden gestrichen, und viele Ideen wurden geändert und verfeinert. Ein Moodboard funktioniert nur dann, wenn es sorgfältig bearbeitet und sinnvoll gegenübergestellt wird, um eine gute Geschichte zu erzählen, eine klare Botschaft zu vermitteln und starke Emotionen hervorzurufen.

KAPITEL 8

KUNSTFERTIGKEIT ARTIKULIEREN

Nehmen wir an, Sie haben ein Ergebnis, das mehrere Sinne anspricht. Eines ist gut gestaltet und für den Zweck relevant. Ein richtiges Produkt, das die an dieser Stelle beschriebenen ästhetischen Kriterien (robuster Code, multisensorische Aktivierung, intelligente Kuration) erfüllt, sollte nicht in einem Regal liegen und darauf warten, gefunden zu werden. Kunden und Stakeholder (Teammitglieder, Anbieter) müssen den Code und andere Kommunikationsformen schnell und einfach sehen, fühlen, erleben und verstehen, ihren Nutzen und ihre Vorteile intuitiv schätzen und mit Begeisterung ausgeben. Dies wird durch Artikulation erreicht. Eine Artikulation, eine der entscheidenden Fähigkeiten, die das Erfassen und die Akzeptanz erleichtern, artikuliert die ästhetische Strategie und die Ideale des Produkts (einschließlich der Vorteile) durch Worte, Storytelling und/oder andere Formen der Kommunikation - die Fähigkeit zu vermitteln. Artikulationen werden durch visuelle Eindrücke, aber auch durch Marketing und Messaging erzeugt. Jeder hat eine ästhetische Sensation.

Wie in diesem Buch bereits erwähnt, ist gutes Design entscheidend für den Erfolg eines jeden Produkts oder einer Dienstleistung. Die gängigste Vorlage für die Formulierung, ein "Konzeptbrief", ist jedoch genauso wichtig wie das Produkt oder die Dienstleistung selbst. Dieses Dokument ist ein Leitfaden für

Redakteure, Grafiker, Designer, Merchandiser und andere, die kreative Arbeit an der Produktkuration planen und produzieren. Definieren Sie die Zielkunden und erstellen Sie Pläne, um sie zu erreichen. Alle Beteiligten müssen die kreativen Briefings verstehen. Die internen Mitarbeiter müssen wissen, wie sie damit umgehen können, und die Verbraucher müssen sich an der zusammenfassenden Sprache erfreuen - ein "interner" Leitfaden mit einem "externen" Zweck.

Die Kunstabteilung kann diese Briefings erstellen, aber oft wird diese Aufgabe der für den Prozess verantwortlichen Führungskraft überlassen, im Idealfall dem CEO. Die besten Führungskräfte delegieren diese Tätigkeiten nicht an Unbeteiligte. Vielmehr sind sie mit der kreativen Ausrichtung ihres Unternehmens ebenso vertraut wie mit den analytischen, finanziellen und operativen Funktionen. Man nimmt an, dass Steve Jobs die Ästhetik und das Design von Apple-Produkten ebenso schätzt wie Funktionen und Verkaufsstrategien, aber sein pragmatischer Ansatz gilt immer noch als Ausreißer. Wie ich hier erörtert habe, ist die Trennung von "Geschäftssinn" und "kreativem Geist" mehr denn je möglich. Zu diesem Zweck ist es vorgeschrieben, dass alle Spezialisten, nicht nur die "Kreativen", die ästhetische Strategie des Produkts kurz erläutern. In diesem Kapitel werden wir anhand einiger Beispiele vertiefen, wie einige Führungskräfte begonnen haben, das Geschäft mit der Ästhetik und das Geschäft mit dem Gewinn in Einklang zu bringen.

DER WERT VON WÖRTERN

Die Priorität der ästhetischen Klarheit ist die Spezifität. Sie ist unerlässlich, um Ihren Zweck zu kommunizieren, Ihrem Produkt einen Sinn zu geben und starke positive Emotionen zu wecken. Und Teams können ihre Visionen verstehen, vervielfältigen, verbessern und umsetzen. Die Spezifität garantiert nicht nur die Genauigkeit des Ausdrucks, sondern schafft auch eine einzigartige, kraftvolle und einprägsame Verbindung mit dem Produkt oder der Dienstleistung. Zu diesem Zweck ist jedes Wort, das Sie zur Beschreibung einer Marke oder eines Produkts wählen, entscheidend. Zweideutigkeit ist nicht akzeptabel. So sind zum Beispiel Wörter wie schön, schmackhaft und weich gängige Adjektive, während Wörter wie schlampig, salzig und gallertartig die Informationen präzise und klar darstellen. Die von Ihnen gewählten Wörter sollten Ihre Erfahrungen mit dem Produkt (oder der Dienstleistung) widerspiegeln.

Tim Lomas, Spezialist für positive Psychologie und interkulturelle Lexikographie an der University of East London, sagt, dass viele Wörter in verschiedenen Sprachen eine bestimmte emotionale Erfahrung ausdrücken, für die es keine englische Entsprechung gibt. Er glaubt, dass das Erlernen dieses Wissens das Verständnis für die Nuancen der menschlichen Erfahrung verbessern wird. Wenn dies der Fall ist, hilft das Erlernen neuer Methoden zur Beschreibung menschlicher Erfahrungen dabei, diese Erfahrungen genau zu bestimmen und sie mit Produkten in Verbindung zu bringen.

Lomas sagt, als er das erste Mal das finnische Wort sisu lernte, das eine außergewöhnliche Entschlossenheit im Angesicht von Widrigkeiten bezeichnet, wurde er von der Suche nach Wörtern inspiriert, die keine native englische Entsprechung haben. Die Finnen sagen, dass englische Wörter wie "grid", "patience" und "resilience" nicht die tiefe innere Stärke widerspiegeln, die der Seth vermittelt, wenn er von Synchronsprechern verwendet wird. Andere Wörter in Lomas' lexikografischer Liste sind Arabisch, ein Zustand musikalisch induzierter Ekstase. Yuan at (Chinesisch), vollkommenes und vollständiges Gefühl der Vollendung. Sukha (Sanskrit), wahres, dauerhaftes Glück, unabhängig von der jeweiligen Situation. Und Sehnsucht, ein starkes Verlangen nach einem anderen Wesen, auch wenn es nicht erreicht werden kann. Die Website von Lomas enthält viele weitere unübersetzbare Wörter.

Beantworten Sie für jedes Wort (oder jeden Satz), das bzw. den Sie verwenden, die folgenden Fragen, um die richtige Wahl zu treffen:

➢ **BESCHREIBEN SIE IHR PRODUKT SO, DASS SICH JEMAND ANDERES DAS GLEICHE BILD VORSTELLT WIE SIE?** Sind Sie genau? Zum Beispiel wird der charakteristische Stoff von Burberry nicht "kariert" genannt. Hellbraune, schwarze und rote Tartans sind als "Heumarktkaros" bekannt. KFC sagt nicht, dass gebratenes Hähnchen "köstlich" ist, sondern bedeutet, dass "einen Finger lecken" richtig ist. Außerdem steht das Original KFC für Kentucky Fried Chicken, nicht für Southern Fried Chicken. Warum ist das so wichtig? Der Gründer Harland Sanders wollte sein Restaurant von allen Konkurrenten aus dem Süden abheben. Damals waren die Produkte aus Kentucky exotisch und erinnerten an eine außergewöhnliche Gastfreundschaft der Südstaaten.

> **SIND DIE WÖRTER "BESITZBAR"?** Mit anderen Worten: Können sie sich schnell und eindeutig mit Ihrem Produkt identifizieren? Wenn Sie zum Beispiel den Ausdruck "der glücklichste Ort auf Erden" hören, denken Sie an Disneyland. Wenn Sie den Slogan "Just do it" sehen, denken Sie an Nike. Dasselbe gilt für "bis zum letzten Tropfen" von Maxwell House Coffee. Noch mächtiger als die Fähigkeit, einen Ausdruck zu besitzen, ist die Fähigkeit, Worte zu besitzen. IBM ist seit jeher Inhaber des Wortes THINK. Heute "gehört" Google die Wortsuche.
Eine sorgfältige Wortwahl wird auch die Attraktivität (und den Verkauf) einzelner Produkte fördern. Zum Beispiel verkauft McDonald's nicht nur traditionelle Hamburger und Frühstückssandwiches. Ich verkaufe Big Mac und Egg McMuffins. In ähnlicher Weise sind die Geschmacksrichtungen von Ben & Jerry "eigene" Geschmacksrichtungen, wie z. B. Cherry Garcia, Chunky Monkey, Coffee Toffee Crunch, und nicht die allgemeine

Beschreibung von Schokolade, Vanille, Erdbeere usw. In der Kosmetikbranche heißt das meistverkaufte pfirsichfarbene Rouge von Narus "Orgasmus". Dieses Produkt wurde 1999 auf den Markt gebracht und war von Anfang an ein Hit. Wir sagen, dass die Kunden sich in den Namen genauso verliebt haben wie in den Farbton. Der neueste Duft von Tom Ford ist nicht nur fabelhaft, sondern auch verdammt fabelhaft. Mit 804 Dollar für 250 ml lässt er sich gut verkaufen. Welche Frau auf der Welt würde nicht gerne so von ihrer Zuneigung berücksichtigt werden?

Um die richtigen Worte zur Beschreibung Ihres Unternehmens oder Produkts zu finden, müssen Sie Ihr Publikum verstehen. Was fühlen sie, bevor sie Ihr Produkt kennenlernen? Was sagen sie sich über die Qualität Ihres Produkts und die Vorteile, die es bietet? Beschreiben Sie die emotionale Erfahrung, die Sie mit dem Produkt machen wollen. Was sollen die Kunden fühlen, wenn sie mit Ihrem Produkt interagieren? Woran sollen sie sich erinnern?

➢ **IST DIE SPRACHE, DIE SIE VERWENDEN WOLLEN, ZENTRAL ODER NEBENSÄCHLICH**

FÜR DIE ERFAHRUNG, DIE SIE VERMITTELN WOLLEN? In vielen Fällen würden die Studenten beim Verfassen einer Dissertation eine vollständige Beschreibung auf die Seite schreiben, aber es lohne sich, nur auf einige von ihnen zu achten. (Man beachte, dass er mehr als 100 Dissertationen zu bewerten hatte, so dass er besonders frustriert über die Bemühungen von Außenstehenden war.) Der ästhetische Ausdruck ist nicht nur eine präzise Kommunikation, sondern auch robust und attraktiv. Es ist ein typischer und einprägsamer Ausdruck. Floskeln, Floskeln und Floskeln aus der Geschäftswelt sind nicht förderlich für Ihr Anliegen.

Bedenken Sie beispielsweise, dass die meisten Kabelanbieter dafür bekannt sind, durch ihre Kommunikation positive Emotionen zu wecken. Wenn Sie zum Beispiel die Xfinity-Website besuchen, sehen Sie detaillierte, aber lustige Hinweise auf Abonnementpakete, die auf Funktionen wie Mbit/s-Downloads, Anzahl der Kanäle und Preise basieren. Die Website ist voll von Daten, aber es fehlt ihr an Sprache und Persönlichkeit. Das Unternehmen scheint die Kunden als Käufer von Maschinendiensten zu betrachten und nicht als Menschen, die nach Unterhaltungsmöglichkeiten suchen. Es überrascht nicht, dass Comcast in der Vergangenheit die schlechteste Kundenzufriedenheit aller US-amerikanischen Unternehmen und Regierungsbehörden aufwies. Im Jahr 2014 wurde Comcast von The Consumerist, einem inzwischen überholten Verbraucherblog, zum "Schlechtesten Unternehmen der Vereinigten Staaten" gekürt. 2016 zahlte Comcast eine Geldstrafe in Höhe von 2,3 Millionen Dollar, um eine bundesweite Untersuchung zu beenden, bei der es um eine Behauptung ging, die Kundenrechnungen mit zusätzlichen Gebühren belastet zu haben, einschließlich nicht bestellter Dienste, Boxen und digitaler Videorekorder. 2017 wurde Comcast sowohl von J. D. Power als auch von der Finanznachrichtenseite 24/7 Wall Street zum schlechtesten Unternehmen in den Vereinigten Staaten gekürt.

➤ **TRIFFT IHR WORT DEN ALLGEMEINEN TON, DEN SIE FÜR IHR PRODUKT UND IHR UNTERNEHMEN SETZEN WOLLEN?** Wollen Sie den Wert Ihres Unternehmens hervorheben, nicht nur seine Produkteigenschaften und Ästhetik? Denken Sie an die Nationalhymne des Kühlboxenherstellers Yeti. Ein paar Kilometer hinter der letzten Ampel. Dort sind Sie neben dem rebellischen Geist, der die Wahrheit wettet und eine Meile weitergeht. Wie du glauben sie, dass, wo auch immer du sein willst, nirgendwo zu weit weg ist. "Diese Worte unterstreichen die Idee, dass sie Produkte herstellen, die jeden Tag benutzt werden können, die Aggressionen und rauen Wetterbedingungen standhalten und die Menschen mit weiten physischen und emotionalen Grenzen versorgen. Der Ton entspricht der ästhetischen Absicht des Produkts.

WARUM SIND SIE HIER? DIE ANEKDOTE

Unter Narration versteht man über einzelne Wörter hinaus Phrasen, die das Erzählen von Geschichten, die Geschichte, Unternehmenstraditionen (und -mythen), Gründungsprinzipien, Existenzgründe sowie Anweisungen und Anleitungen umfassen. Seit kurzem haben die meisten Unternehmen und Produktwebsites einen Abschnitt "Über". Die Menschen wollen wissen, mit wem sie Geschäfte machen. Für Unternehmen mit einer langen Tradition, wie Tiffany und Chanel, sind Geschichte und Überlieferungen ein wesentlicher Bestandteil des Geschichtenerzählens, des Aufbaus von Glaubwürdigkeit und Vertrauen und der Weitergabe von

Informationen an die nächste Generation. Das wäre dann ihre Mutter oder Großmutter.

Relevanz ist auch für eine etablierte Marke von Bedeutung. Deshalb gibt es auf der Tiffany-Website einen Abschnitt über Nachhaltigkeit und verantwortungsvolle Abbauverfahren. Unabhängig davon, ob Sie mit der Nachhaltigkeitsinitiative einverstanden sind oder nicht, ist sich das Unternehmen der Probleme im Zusammenhang mit der Beschaffung und Verarbeitung von Diamanten sehr wohl bewusst. Im Gegensatz dazu haben Unternehmen wie Sears / Kmart ein großes Erbe und haben sich als unfähig erwiesen, ihren Kunden Relevanz zu vermitteln. Wer würde sie wirklich vermissen, wenn Sears und Kumart ganz verschwinden würden? Wenn Sie nicht zeigen können, warum Ihr Produkt oder Ihr Unternehmen existieren muss, sind Sie dazu verdammt, zu verschwinden. Außerdem bemerken nur wenige Menschen, wenn sie verschwinden, oder es kümmert sie nicht.

Für neue Unternehmen bedeutet eine überzeugende Erzählung, insbesondere im Bereich der reifen Produkte, dass sie das, was die Verbraucher kaufen wollen, neu gestalten und eine Nachfrage schaffen, die vorher nicht bestand. Dies wird erreicht, indem die wichtigsten Unterschiede zu bestehenden Produkten, der überragende Wert gegenüber dem vorhandenen Angebot und die einzigartigen Vorteile hervorgehoben werden, die die Verbraucher nirgendwo anders bekommen können. Natürlich wird uns ein neues Unternehmen mit Neuartigkeit und Verspieltheit oder mit ausgefeilter Technologie und Stil anlocken. Dies ist ein Tribut an seine Neuheit. Auf diese Weise kann die Innovation als Vorteil (neu und aufregend) und nicht als Nachteil (neu und unerprobt) dargestellt werden.

DIESES BILD

Das Erscheinungsbild ist wichtig, vor allem, wenn die Miniaturbilder auf dem Computerbildschirm wahrscheinlich das erste sind, was der Kunde sieht, wenn er das Produkt sieht. Mehr denn je müssen die Bilder und Verpackungen, die Sie zur Aufwertung Ihres Produkts auswählen, einschließlich echter Illustrationen und Fotos, Logos, Verpackungen und Marketingmaterialien, verstärkt, dupliziert und angepasst werden. Das Produkt selbst, wie Worte und Bilder, Töne und Texturen, Stimmungen und Persönlichkeiten - all das muss nahtlos zusammenwirken.

Spiegeln die von Ihnen ausgewählten Bilder die Persönlichkeit und den Auftrag Ihres Unternehmens wider? Zeigen die visuellen Hinweise und Bilder Kreativität, wirken sie authentisch und zeigen sie, was die Marke erwartet? Außerdem müssen alle visuellen Informationen bei der Zielgruppe Anklang finden. Wenn Spaß eine grundlegende Emotion ist, die mit Ihrer Marke assoziiert wird, vermitteln die Bilder diese Emotion? Sind die verwendeten Farben lustig? Fördert die Verpackung die Verspieltheit? Virgin ist ein gutes Beispiel. Logos wie der Schriftzug des Unternehmens sehen aus, als hätte der Gründer Richard Branson eine Serviette mit Graffiti beschmiert. Es ist Ihr kantiges Gesicht, wie Bransons eigene kühne, rustikale und ja, lustige Persönlichkeit. Nickelodeon, ein Fernsehsender, fühlt sich dank der ballonartigen Schrift auf orangefarbenen Spritzern ebenfalls gut an. Orange ist an sich schon eine lustige Farbe, die in Kombination mit einer verspielten Form sehr lebendig wirkt.

Auch Bilder und visuelle Hinweise müssen einheitlich sein. Auf diese Weise werden sie, wie das gewählte Wort, mit Ihrer Marke in Verbindung gebracht. Es muss sich über alle Berührungspunkte erstrecken, einschließlich Websites, Anzeigen, Displays in Geschäften und Posts in sozialen Medien.

DAS WAR'S DANN WOHL

Das Verpackungsdesign hat eine unmittelbare visuelle Wirkung auf die Verbraucher. Im Grunde ist es eine multisensorische Erfahrung. In einem neuen Forschungsbereich namens "Neurodesign" wird untersucht, wie sich die Verpackung von der Masse abhebt, wie sie zur Markentreue beiträgt und wie Menschen bestimmte Verhaltensweisen und Emotionen beim Verbraucher hervorrufen können. Versuchen Sie zu verstehen, was für die Gehirnfunktion genutzt werden kann.

Einige der ästhetisch ansprechendsten Produkte sind in Behältern von eigener Schönheit verpackt, die vom eigentlichen Produkt getrennt sind und die Verbraucher dazu anregen, die Verpackung aufzubewahren und wiederzuverwenden oder auszustellen. Dies galt früher für einige wenige Produkte wie Parfümflaschen und manchmal Sakeflaschen, heute jedoch auch für Kerzenhalter aus Glas, Make-up-Behälter und Tomatenkonserven. Wenn die ursprünglichen Produkte leer sind, können sie anderweitig verwendet werden, z. B. zur Aufbewahrung oder Präsentation. Natasha Roller, eine in Virginia ansässige Eventplanerin, hat zum Beispiel speziell Bianco di Napoli-Tomaten in Italien bestellt, um die attraktiven, gut gestalteten Dosen als Blumenbehälter zu verwenden.

Die Verpackung muss eine Geschichte erzählen, und das muss schnell geschehen. Der erste Eindruck ist entscheidend. Sie muss bei den Verbrauchern eine positive emotionale Reaktion hervorrufen. Außerdem konkurrieren Produkte, die von vielen anderen Unternehmen verkauft werden, mit ihnen um Regalplatz und Aufmerksamkeit. Eine angemessene Verpackung trägt dazu bei, die Produktvorteile, den Wert und die Unterschiede zu anderen Optionen in einem überfüllten Markt zu vermitteln. Vor allem aber kann sie wichtige Emotionen hervorrufen und verstärken.

Farbe ist entscheidend. Studien zeigen, dass fast 90 % der Kurzentscheidungen über Produkte allein auf der Farbe beruhen. Etwa 80 % der Verbraucher glauben, dass Farbe das Markenbewusstsein steigert. Bestimmte Farben, wie z. B. Schwarz, rufen Dramatik hervor und werden von Modemarken wie Chanel und Gucci sehr gut eingesetzt. Blau steht für Zuverlässigkeit und wird von American Express und der Ford Motor Company erfolgreich eingesetzt. Grün ist "natürlich" und verjüngt. Das zeigt sich deutlich an den Auswirkungen auf Starbucks und Whole Foods.

SCHÖNHEIT ARTIKULIEREN

Schönheitsprodukte stehen oft an der Spitze von Design und Verpackung. Denn in der Welt des Make-ups, der Feuchtigkeitscremes und der Wimperntusche herrscht ein harter Wettbewerb, und nur selten hat eine bestimmte Marke ein Monopol auf die Inhaltsstoffe und Formulierungen ihrer Produkte. Die Unternehmen müssen sowohl die Produkte als auch die Verpackungen ständig erneuern, um die Aufmerksamkeit von Einkäufern, Schönheitsredakteuren und

Verbrauchern zu gewinnen. Besonders wichtig ist die explizite Darstellung des Produkts, da die Kunden im Bereich der Schönheitspflege dazu neigen, loyal zu sein. Wenn man ein Produkt gefunden hat, das funktioniert, ist es nicht einfach, einen anderen Gang einzulegen und etwas Neues auszuprobieren, das nicht funktioniert. Viele (vor allem junge) Kunden neigen dazu, Schönheitsprodukte bei jedem T-Shirt-Wechsel auszuprobieren und zu ersetzen, aber langfristige Befürworter bringen den Kosmetikunternehmen den größten Nutzen.

Es ist nicht so, dass diese Standardspieler keine neuen Dinge ausprobieren würden. Wir sind immer auf der Suche nach etwas, das besser funktioniert, besser riecht und mehr Spaß macht. Das Originalprodukt bedeutet, dass man sicher sein muss, dass sich die Investition lohnt, um es auszuprobieren. Einige Marken erreichen dies durch Probenahmen und Produkttester in den Geschäften. Andere haben sich Aufmerksamkeit und Vertrauen durch andere Vorzüge verschafft, z. B. durch hochwertige Merkmale und Materialien (d. h. Leder statt Plastik, Kristall statt Glas und Messing statt Topfmetall). Das Aussehen und der Stil der Menschen, die hinter dem Tresen arbeiten. Sauberkeit, Ordnung, Konsistenz.

Im Falle der Hautpflegemarke Philosophy kam die Markteinführung unerwartet, und ihr Erfolg überraschte die Branche. Wir haben nach Verbrauchern gesucht, die nicht der typische Zielmarkt für Schönheitssüchtige und Hersteller von Schönheitsprodukten sind. Cristina Carlino gründete Philosophy 1996, nachdem sie eine andere erfolgreiche Kosmetiklinie namens Bio Medic entwickelt hatte, die über Arztpraxen und Schönheitschirurgen vertrieben wurde.

DAS ESSENSERLEBNIS ARTIKULIEREN

Nix, das vegetarische Restaurant in New York, bietet ein Bankett mit zwei Sitzplätzen im Stil einer Schiene an der Wand vor dem Restaurant, oder man kann an einem langen, freistehenden indigoblauen Ahorntisch hinter dem Haus You sitzen. Korkstangen, grüne Topfpflanzen und weiß getünchte skandinavische Wände schaffen eine sommerliche Atmosphäre, selbst inmitten des tristen und kalten New Yorker Winters. James Truman, der einst als Chefredakteur von Condé Nast Zeitschriften wie Vogue, Glamor und GQ leitete, ist ein führender Innovator des Raum- und Restaurantkonzepts und versteht es, eine schicke und gleichzeitig gesunde Ästhetik zum Ausdruck zu bringen. Herzlich willkommen und erfrischend in der Innenstadt.

Vor der Eröffnung des Restaurants überlegte Truman monatelang mit seinem Küchenchef, dem Pionier der gemüsebetonten Küche, John Fraser, und der Architektin Elizabeth Roberts, die moderne Ästhetik mit traditionellen Designelementen verband. Nichts entging den Augen des Teams. Die Details der im Badezimmer verwendeten Fugenfarbe und der Schnitt und die Passform der Schürze für das Gewichtspersonal wurden genau unter die Lupe genommen. "Als Redakteurin kam ich dazu, bei der Gestaltung mehr über Geschichten nachzudenken, als über reine Ästhetik. Was ist ein

151

Gesamtbericht, und Designentscheidungen sind ein Mittel, um diese Geschichte zu etablieren und zu verbessern? ", sagt Truman.

"In einigen der ersten Gespräche wurde die Auffassung revidiert, dass vegetarische/vegane Restaurants kein Ort für Spaß, Verabredungen oder Partys sind, sondern eher mürrisch, ein Ort ohne Vergnügen. Es gab keinen Grund für ein vegetarisches Restaurant, eine solche Atmosphäre zu haben, außer dem historischen Präzedenzfall, der logischerweise eine Art Drehung war: Warum war es nicht notwendig, Tiere zu töten, wenn sich das Restaurant wie eine Beerdigung anfühlt und das Steakhaus wie eine Feier? Das ergibt keinen Sinn. "Er wollte auch nicht, dass das Restaurant eine Richtung hat, die "Brooklyn Model" heißt. "Unbehandelte Holzwände und -böden, ländliche Details aus dem 19. Jahrhundert, Kellneruniformen aus einem alten Western.

Es war ein Statement für echte, nicht urbane Werte von der Farm bis zum Tisch, aber es war überall und begann bald darauf wie eine Hipster-Pose auszusehen", betont er. "Zur gleichen Zeit kam aus Skandinavien ein neues Modell der innovativen Küche, dessen Design ebenfalls Zutaten zeigte, aber auf eine sehr durchdachte und architektonische Weise." Interessanterweise weist Truman darauf hin, dass diese Wiederholung den Wert des Designs mit dem modernen japanischen Design teilt. Er glaubt, dass dies in den kommenden Jahren die vorherrschende Designästhetik sein wird, insbesondere für kleine Restaurants. "Die großen Räume sind mit Blick auf die französische Brasserie und Las Vegas gestaltet."

GELENKIGER TRANSPORT

Vespa Scooter, J. D. Verdienen 72,1% auf alle 24 Fahrzeuge in der Power's Annual Resale Value Award berücksichtigt. Das heißt, abgesehen von seltenen und sammelwürdigen Fahrzeugen, ist die Vespa Scooter wertvoller als jedes andere Fahrzeug auf der Straße. Das ist überraschend, wenn man bedenkt, dass sie nicht sehr schnell fahren und nicht einmal die Pferdestärken einer Harley oder eines Honda-Motorrads haben. Der Erfolg der Vespa könnte auf ihre Einzigartigkeit zurückzuführen sein. "Vespa ist eine Luxusmarke", sagt Chelsea Rammers, Gründerin von Moto Richmond, Virginia, die Motorroller und Motorräder für Vespa und andere Marken verkauft. "Die meisten Luxusmarken haben Konkurrenz. Vespa hat keine Konkurrenz."

Dies ist nicht ganz richtig. Andere Luxusmotorräder von Honda und Yamaha sind billiger und übertreffen die Vespa in den Vereinigten Staaten. Die wichtigste neue Vespa, die Primavera, kostet etwa 3.800 Dollar, Steuern und Händlergebühren nicht eingerechnet. Das teuerste Modell, die 946 RED, kostet 10.500 Dollar, aber ein Teil dieser Kosten geht an eine Wohltätigkeitsorganisation (RED), die von U2-Sänger Bono gegründet wurde, um HIV und AIDS in Afrika zu bekämpfen.

Dennoch hat kein anderer Motorroller das gleiche Prestige, den gleichen Ruf und die gleiche Geschichte wie die Vespa. Wenn man sich italienische Filme seit den 1950er Jahren ansieht, sieht man, dass die Hauptfigur eine Vespa fährt. Wenn Sie nach Rom oder in andere italienische Städte fahren, werden Sie eine Reihe von Vespas sehen, die ordentlich neben dem Bürgersteig geparkt sind. Sie sind nicht nur schön, sondern auch sehr praktisch, wenn es darum geht, sich in den engen Straßen der Stadt zurechtzufinden. Diese Verwendung sowohl in der Populärkultur als auch im wirklichen Leben hat zu einem kollektiven Unbewussten geführt. Die Vespa steht für Freiheit, Urbanität, Kultiviertheit, Stil und Spaß.

Ein Teil des Reizes eines Rollers ist sein attraktives Design, das im Grunde unverändert ist. Sie sehen fast genauso aus wie das, was Sie schon immer hatten. Das Modell von 1946 war stromlinienförmig, und die heutigen Roller sehen ein wenig retro aus, ohne jedoch kitschig oder altmodisch zu sein. Er ist auch aus Metall, aber die Konkurrenz hat das teure Material längst durch billigere Kunststoffteile ersetzt. Es sind, einfach ausgedrückt, schöne Objekte, die lange halten. Die Struktur der Vespa ist ein so genannter Monocoque-Rahmen. Das bedeutet, dass die Karosserie ein Rahmen ist. Die meisten anderen Motorroller haben eine separate Karosserie, die am Rahmen befestigt ist. Diese Struktur ist leicht und steif. Das Ergebnis ist eine sehr ruhige Fahrt, eine attraktive Eigenschaft, vor allem wenn man in der Stadt auf Asphalt und Kopfsteinpflaster fährt.

WER PROFITIERT DAVON?

Über die Behauptung hinaus, dass gutes Design wertvoll ist, fordern wir ernsthaftere Überlegungen und Diskussionen darüber, wen wir mit unseren Produkten zufriedenstellen und begeistern wollen. Ethische Belange sind eindeutig damit verbunden. Weil die Verbraucher es wissen wollen, ist es sinnvoll, sorgfältig darüber nachzudenken, was wir tun und wie wir es vermitteln können. Und sie sind frustriert von Unternehmen, die sich nicht um sie kümmern. Laut einer Umfrage des Versicherungsunternehmens Aflac sagen rund 92 % der Millennials, dass sie eher Produkte von ethischen Unternehmen kaufen würden. Teil der moralischen Verpflichtung der Marke gegenüber den Verbrauchern (und dem Planeten) ist es, zu kommunizieren, wie Produkte sowohl dem "Besseren" (Umwelt oder andere soziale Gründe) als auch dem Käufer helfen können. Dieser Ansatz wird immer wichtiger, da wir uns vom Konsumismus zur Konsumgesellschaft entwickeln.

Der Konsumismus begann nach dem Zweiten Weltkrieg und unserer wirtschaftlichen Situation, als sich die Hauptwirtschaftsaktivität des Durchschnittsbürgers in den 1970er Jahren von Sparen und Obst zu Ausgaben für Waren und Dienstleistungen und in den Hut verwandelte. Wie zu Beginn dieses Buches erwähnt, hat der Konsumismus als Lebensstil nach Jahrzehnten der ständigen Herrschaft allmählich nachgelassen. In vielen Kreisen gibt es Zweifel und Licht. Die Popularität der Minimalismus-Bewegung ist ein solcher Indikator für die Sharing Economy und das Wachstum erlebnisorientierter Unternehmen als Reaktion auf den Wunsch der Menschen, lebenslange Momente und Erinnerungen zu schaffen. Wir begrüßen diesen Übergang. Wir haben zu viele Dinge, und vieles von dem, was uns fehlt, hat Bedeutung, Haltbarkeit und Kunstfertigkeit.

KAPITEL 9

DIE ZUKUNFT DER ÄSTHETIK

Wir scheinen zunehmend in zwei Welten zu leben. Die andere sucht nach menschenzentrierten Interaktionen, emotionalen Verbindungen und Erfahrungen, die speziell für uns als Individuen entwickelt wurden. Digitale Dienstleistungen und digitale Präsenz werden vielleicht bald meinen Automechaniker, meinen Buchhalter und den Kurier ersetzen, aber mein Friseur, mein Masseur und mein Innenarchitekt werden definitiv verschwinden (zumindest für eine lange Zeit). Diese Unterteilung wirkt sich auf die Ästhetik aus, und die Ästhetik entwickelt sich weiter. Der kulturelle und demografische Wandel beeinflusst natürlich weiterhin, was wir als schön empfinden und was wir als unattraktiv und unerwünscht ablehnen. Wie wir am Aufstieg der sozialen Medien gesehen haben, konzentriert sich die menschliche Aktivität weiterhin auf das, was ich REM nenne: Beziehungen, Erfahrungen und Erinnerungen.

Der Wunsch nach einer intimen, ehrlichen und persönlichen Verbindung mit anderen hat eine Form der sozialen Medien abgelehnt und einen neuen Weg der Millennials und anderer, die von der Einwanderung aus den so genannten Superstar-

Städten geprägt sind, signalisiert. Von New York und Los Angeles bis hin zu Kleinstädten, die zum Aufbau von Gemeinschaften führen könnten. "Wir haben in den letzten Jahren Ausbrüche aus Großstädten erlebt", sagte Stephen Pedigo, ein Spezialist für Wirtschaft und Stadtentwicklung und Direktor des Shack Institute of Real Estate an der New York University. "Der Ort enthält Ideen darüber, was Menschen in städtischen Gemeinden wollen, und kleine und vorstädtische Gemeinden versuchen, dies wieder zu tun."

Diese Abwanderung kann durch Fortschritte in der Wirtschaft (in Ballungsgebieten ist das Leben teuer) und durch Technologien, die es den Menschen ermöglichen, außerhalb des Ballungsgebiets zu arbeiten, angetrieben werden, aber nicht durch viele. Kleinstädte gedeihen aus kreativen Gründen, die von Menschen gemacht werden. Die Ästhetik, nicht die Automatisierung, wird das Wachstum dieser kreativen Gemeinschaften weiterhin unterstützen und vorantreiben. Das bedeutet, dass die Menschen überall, nicht nur im Herzen der Großstädte, ein hohes Maß an Ästhetik bei den Waren und Dienstleistungen finden und erwarten, die sie wollen und brauchen. Wenn Sie sie nicht finden können, stellen Sie sie her. Viele Unternehmer werden Unternehmen mit einem vollen und klaren ästhetischen Wert gründen. In dem Maße, wie bestehende Unternehmen die künstlerische Intelligenz und die Fähigkeiten ihrer Mitarbeiter entwickeln können, können immer mehr Menschen die ganzheitliche und menschliche Erfahrung anbieten, die sie wünschen, erwarten und fordern.

DIE UMWELTKRISE

Die Verbraucher sind sich bewusst, dass sie mit der Umwelt nicht mehr zufrieden sein können. Eine Möglichkeit, Verantwortung für die Umwelt zu übernehmen, besteht darin, auf die Produkte zu achten, die man kauft. Nutzen Sie Ihre wirtschaftliche Macht, um Veränderungen voranzutreiben und die Welt besser oder zumindest weniger giftig zu machen. Eine von Cone / Porter Novelli durchgeführte Studie über die soziale Verantwortung von Unternehmen (CSR) zeigt, dass die Verbraucher an der Herstellung ihrer Produkte interessiert sind.

Von allen befragten Gruppen nutzten Millennials am häufigsten Mundpropaganda und soziale Medien, um Informationen über Unternehmen weiterzugeben, die sie für ökologisch und sozial verantwortlich halten. Da Millennials zu einer immer dominanteren Unternehmensgruppe werden, müssen sich die

Unternehmen darauf vorbereiten, ihren Umwelteinfluss zu gewährleisten, zu fördern und zu unterstützen. Und da Millennials fremden Behauptungen gegenüber skeptisch sind, müssen sie so vertrauenswürdig sein.

Die Ästhetik kann bei dieser Initiative eine wichtige Rolle spielen, indem sie eine klare und unmissverständliche Botschaft über die Richtlinien und Praktiken des Unternehmens für eine umweltfreundliche Produktion vermittelt, einschließlich der innovativen Verwendung von recycelbaren oder wiederverwendbaren Verpackungen. Nestlé, ein internationaler Lebensmittelriese, kündigte im April 2018 an, dass bis 2025 alle Verpackungen recycelbar oder wiederverwendbar sein werden. Walmart und Werner & Mertz haben ähnliche Versprechen abgegeben. Organic Valley Packaging, ein Milchproduzent, ist bereits recycelbar (oder wiederverwendbar). Patagonia, ein Sportbekleidungsunternehmen, bezeichnet sich selbst als "Aktivist" und hat sich auf den Umweltschutz spezialisiert. Wir glauben, dass der Haushaltsgerätehersteller in der siebten Generation eine ähnliche soziale und ökologische Mission verfolgt. Als Reaktion auf das Interesse der Verbraucher an mehr sozialen und ökologischen Aktivitäten, größeren Nachhaltigkeitsbemühungen und Produkten mit geringeren

Umweltauswirkungen sind mehr handgefertigte Artikel zu erwarten. Dies wird ein stärkeres haptisches Erlebnis fördern.

DIGITALE EXPANSION UND DAS TAKTILE ERLEBNIS

Ausweitung und Verbreitung von fortschrittlichen Computern und "intelligenten" Geräten. Zunehmende Automatisierung in den meisten Bereichen des Autos, des Haushalts und der Arbeitswelt. Der billigere und schnellere Zugang zu allen Daten ist das Ergebnis eines 40-jährigen Trends, dem ein Muster von mehr als 40 Jahren folgt. Manche Menschen begrüßen Hightech-Erfahrungen und -Produkte, andere lehnen sie ab und geben dem Begriff der "digitalen Kluft" eine neue Wendung. Wir leben nicht in der Welt dessen, was wir haben und was wir nicht haben, sondern in der Welt dessen, was wir wollen und was wir nicht wollen.

Die Automatisierung ersetzt Arbeitsplätze in vielen Bereichen, z. B. in landwirtschaftlichen Betrieben, in der Fast-Food-Branche, bei Autofahrern und in der Büroarbeit. Es werden jedoch neue

Stellen in Branchen geschaffen, die Kreativität, Originalität und eine menschliche Note (im wahrsten Sinne des Wortes feige) erfordern. Deshalb ist ästhetische Intelligenz, wie Kunst, Wissenschaft und Geschäftsstrategie, so wichtig für die Zukunft der Arbeit. Wenn man keine künstlerischen Fähigkeiten hat, kann sowohl die digitale als auch die handgemachte Welt unerreichbar sein. Die Einschränkung ist, dass Computer Kunst und Musik schaffen können und werden. Wir sind jedoch davon überzeugt, dass die Menschen weiterhin auf viel fortschrittlichere und aufregendere Weise bauen werden. Einige davon ähneln den "menschlichen Privilegien". Viele werden kreative Materialien bevorzugen, die von Menschen und Händen hergestellt wurden, und mehr dafür bezahlen. Die Aufgaben, die mit dem Aufbau und der Pflege komplexer zwischenmenschlicher Beziehungen verbunden sind, darunter Berufe wie Krankenpflege, Sportcoaching und Psychotherapie, sind vor der Automatisierung einigermaßen sicher. Auch hier ist ästhetische Intelligenz gefragt, da der Wettbewerb in diesen Bereichen zunimmt, um den Kundenstamm der Dienstleistungen zu erhalten und zu verbessern.

Und mit der verbesserten Automatisierung und dem Lernen am Computer suchen die Menschen nach kreativeren und persönlicheren Möglichkeiten, ihre Lebensqualität zu verbessern. Dies erfordert Objekte mit besseren physikalischen Eigenschaften, die Sinnesfreuden bieten und die fast ständige Exposition gegenüber der Flachheit eines zweidimensionalen Bildschirms verringern. Der Wunsch nach immer lebendigeren Klängen hilft den Technologieunternehmen, realistischere Hörerlebnisse zu schaffen. Sie wünschen sich auch mehr Live-Musik-Erlebnisse. Digitale Produkte, die ein verbessertes Geruchs-, Geschmacks- oder Berührungserlebnis bieten, und nicht-digitale Produkte, die ein reichhaltiges sensorisches Erlebnis bieten, werden noch mehr geschätzt. Bei Mode und Kleidung können sensorische Erlebnisse sogar in den Stoff eingewebt werden. Denken Sie an dicke und dicke Strickwaren oder Strickwaren neben sehr weichen und weichen Texturen und Textilien mit gemischten Medien (z. B. daunengefüllte Materialien und Stickereien in Leder und gesteppt).

Bei den Lebensmitteln verschieben ungewöhnliche und unerwartete Zutaten (z. B. würziges oder pikantes Eis, noch intensivere, süßere, schärfere und saure Geschmacksrichtungen) die Grenzen der kulinarischen Innovation, aber es gibt auch eine Rückkehr zum "Comfort Eating". Es bietet ein warmes, nostalgisches Gefühl. Einige entscheiden sich für Lebensmittel aus dem Weltraum wie Soilent, aber die meisten von uns wollen eine Vielfalt von Eindrücken und Neuheiten erleben, wenn wir uns zum Essen treffen.

In der Zwischenzeit entwickelt sich die Technologie weiter und wird Teil von Hightech-Fitnesskleidung und anderen Wearables, die Schritte, Body Mass Index (BMI), Kalorienverbrauch und -verbrennung, Blutdruck und vieles mehr messen. Die Technologie wirkt sich auch auf Lebensmittel und Getränke aus und führt zu mehr funktionellen Lebensmitteln, die Gesundheit und Stimmung verbessern können. Recess mit Sitz im Hudson Valley ist ein Vorreiter dieses Trends. Das Wasser ist mit einem ungiftigen Hanfextrakt versetzt, dem schmerzlindernde, angstlösende und entzündungshemmende Eigenschaften nachgesagt werden. Die Getränke enthalten Adaptogene, die Stress abbauen und Gedächtnis, Konzentration und Immunität verbessern sollen.

Der Schwerpunkt liegt auf praktischer körperlicher Arbeit, um körperliche Fitness zu erreichen, im Gegensatz zu Hightech-Training wie Massagen, neuen Formen von Yoga und anderen geistigen und körperlichen Übungen, die das Sporterlebnis verbessern. Death Metal Yoga ist ein hervorragendes Beispiel für einen Kurs, bei dem geschlagen, getreten, Luftgitarre gespielt, geheadbangt und kräftig geschwitzt wird. Fitnesszentren werden auch kleiner und näher an den Kunden in ländlichen Gebieten gebaut, um individueller oder nischenorientierter zu werden. Das bedeutet ein kleines Zentrum für alte und junge Bevölkerungsgruppen. Transgender oder solche, die bestimmten religiösen Gruppen dienen.

Die Konzentration auf kleine Gemeinschaften und ihre Bedürfnisse ist für die meisten Unternehmen, nicht nur für Fitnessunternehmen, eine Möglichkeit, in überfüllten Gebieten wettbewerbsfähiger zu werden. Nischenmärkte, die unterschiedliche Altersgruppen und Wünsche bedienen, werden immer häufiger, und ihre ästhetischen Entscheidungen zeichnen sie aus. Als Ausgleich für die entpersönlichte Gesellschaft sehnen sich die Verbraucher danach, dass ihre Persönlichkeit erkannt wird, was zur nächsten Veränderung führen wird.

SEZESSION VON STÄMMEN

Die Verwendung des Wortes Sezession bedeutet nicht, dass das Land in kleinere Nationen aufgeteilt wird. Es kann jedoch passieren, aber viele geopolitische Experten und andere, wie der Brexit zeigt, und sagen voraus, dass es sein wird. Dennoch haben wir als Reaktion auf die Globalisierung und als Bedrohung für die lokale Kultur, Sprache und Lebensweise ein schnelles Wachstum von Identitätspolitik, Stammesdenken, Lokalismus, Aktivismus und leider auch Terrorismus erlebt. Mehr denn je versuchen die Menschen, sich Gruppen anzuschließen, die für gemeinsame Gefühle, Werte und Ziele stehen und eine gemeinsame Sache oder ein gemeinsames Ideal vertreten, das die Glaubenssysteme hinterfragt. Diese Kräfte werden durch die sozialen Medien angetrieben und können sowohl die Demokratie als auch die Diktatur untergraben.

Das Wachstum der "Stämme" wurde durch das Zeitalter des Hyperlokalismus (und die Ablehnung der globalen Harmonie) und der "Mikro-Dominanz" vorangetrieben. "Die Wahl des Lebensstils, der zur Schaffung der Marke führt. Marken, die Mikro-Gemeinschaften (wie trans- oder geschlechtsspezifische Menschen, religiöse Gruppen, historisch übersehene und übersehene Gruppen) bedienen, sind nicht die Authentizität, Integrität und Transformation, die sich die Verbraucher wünschen, können es aber nicht immer tun. Definieren Sie den

Einzelhandel neu, indem Sie kreative Produkte schaffen und erleben. Finden Sie es jetzt. Stammesdenken ist heute die stärkste Kraft in der Welt. Die Gemeinschaft wird zum Stamm. Marken bilden Stämme. Große Unternehmen sind Stämme.

Für die Wirtschaft bedeutet dies, dass die beiden Verbraucherwünsche gleichzeitig auftreten. Zum einen werden Produkte gezeigt, die sich an kleinere, spezifischere Gruppen-IDs richten. Einige Produkte vermitteln ein Gefühl für das globale Blended Design, das durch den Zugang zu verschiedenen kulturellen Einflüssen geprägt ist. Die Verschmelzung und Vermischung von kulturellem Erbe schafft neue hybride Gruppen und Identitäten wie "Stammes-Techniken" und "Industrie-Chic". Die Menschen bilden Gruppen oder "Stämme" auf andere Weise als Reaktion auf die Angst vor der rauen, unberechenbaren Realität der Außenwelt. Von kuscheligen Decken bis hin zu Produkten und Dienstleistungen, die Sicherheit vermitteln und Vertrauen und Komfort schaffen, ist Coco zusammen mit der Klammer weiterhin notwendig, um dies zu unterstützen.

UNSCHARFE LINIEN

Wie bereits erwähnt, bilden Menschen Gruppen, die sich an gemeinsamen Ideologien, Interessen und Überzeugungen orientieren, aber häufig identifizieren sich Gruppen und Gruppenmitglieder auch außerhalb der konventionellen Normen. Die Grenzen zwischen männlich und weiblich, heterosexuell und schwul, schwarz und weiß, jung und alt verschwimmen bereits. Infolgedessen werden immer mehr Marken und Kategorien, die früher konventionell nach Geschlecht oder Alter unterteilt waren, zu Unisex-Marken oder bieten Unisex-Artikel und altersübergreifende Produkte und Dienstleistungen an. Die Kindermarke Primary bietet Basics wie T-Shirts, Leggings, Hosen, Röcke und Kleider in leuchtenden, einfarbigen Farben an, die von allen Kindern im Alter von null bis zwölf Jahren getragen werden können; herkömmliche Artikel für Jungen (Hosen, T-Shirts) und Mädchen (Kleider, Röcke) werden für alle Kinder angeboten. Das Phluid Project in SoHo in New York City ist möglicherweise die erste offiziell geschlechtsfreie Einzelhandelsfläche der Welt. Der 3.000 Quadratmeter große, strahlend weiße Laden mit großen Fenstern und hohen Decken ist laut seiner inhaltlichen Leiterin, Jillian Brooks, zum Teil Einzelhandelsfläche und zum Teil "Erlebnisplattform".

Der Laden, der sich an geschlechtsuntypische und geschlechtsfluide Verbraucher richtet, verwendet maßgeschneiderte geschlechtsfreie Schaufensterpuppen, die Unisex-Basics von Marken wie Levi's und Soul Land sowie eine eher modische Auswahl von Gypsy Sport, Skin graft und dem fetischistisch inspirierten Latex von Meat präsentieren. Das Phluid Project bietet auch eine eigene Kollektion von T-Shirts und Kapuzenpullis an, die mit Slogans wie "Stronger together" und "One world" geschmückt sind. Teil der Mission ist die Erschwinglichkeit, daher liegen die Preise im Allgemeinen unter 300 $. No Sesso ("no sex/gender" auf Italienisch) ist eine weitere Marke, die die Idee der geschlechtsneutralen Kleidung in neue und einzigartige Bereiche vorstößt, indem sie leuchtende Farbkombinationen, Binde-, Näh- und Sticktechniken, unregelmäßiges Stricken und wogende oder stark zugeschnittene Stoffe verwendet. Die Kleidungsstücke eignen sich für verschiedene Körperformen (männlich/weiblich, klein/klein, groß/klein), da sie wandelbar oder transformierbar sind. Mit anderen Worten: Die Kunden können die Kleidung auf vielfältige Weise an ihre Form und Identität anpassen.

Der Aufbau positiver menschlicher Beziehungen ist eine gemeinsame Anstrengung und hat weitreichende Auswirkungen. Wenn es gut gemacht ist, kann es zu reichhaltigeren

Markenerlebnissen führen. Es liegt jedoch an den Schöpfern, ihre Ideen mit Motiven in Einklang zu bringen, die es wert sind, persönlich und tiefgründig erlebt zu werden. Der moderne Verbraucher ist nicht mehr darauf aus, materiellen Besitz anzuhäufen, sondern sucht nach Tiefe, Authentizität und Bedeutung. Daher werden die Marken, die Bestand haben werden, einen Zweck bieten - einen, der weit über kommerzielle Motive hinausgeht und die Menschen, die von ihren Produkten oder Dienstleistungen berührt werden, vereint und befähigt. Letztendlich ist es das, was die Verbraucher wirklich und ewig herausfordert, antreibt und erfreut - jede Möglichkeit, sie nicht für ihren Konsum, sondern für ihre Menschlichkeit zu achten und zu respektieren.